OTRAS UNIDADES DE LA 19ª DIVISIÓN SS

Arriba. En la Bolsa de Curlandia, los letones utilizaron los «*Panzerfaust*» como medios antitanque contra los carros rusos.

Abajo. El tercero por la izquierda es el *Obersturmbannführer* Ernsts Laumanis.

El 19º Batallón de Fusileros SS

El Batallón «Laumanis», cuyo verdadero nombre era *19.Waffen-Füsilier-Bataillon der SS*, era la unidad de reconocimiento de la 19ª División de Granaderos de las SS. Se creó con la transformación de la 2ª Brigada SS en División 19º, en marzo de 1944, y su primer jefe fue el *Obersturmbannführer* Taubes quien, posteriormente, sería sustituido por el *Sturmbannführer* Ernests Laumanis.

El 27 de julio de 1944, el batallón contaba con tres compañías de granaderos y una compañía de armas pesadas. Participó en las operaciones de la 19ª División en las batallas defensivas en las tierras altas de Vidlandia, ocupando un sector del frente en el centro de la división, en las posiciones cerca de Luban.

Participaría, también, en la Batalla de More, entre el 20 septiembre y el 5 de octubre de 1944, retirándose entonces hacia Riga, y después a la Bolsa de Curlandia, cubriendo posiciones en las proximidades de Dzukste. El batallón permaneció en la reserva de la división, siendo utilizado por ésta como «unidad de bomberos», para situaciones de crisis en alguna de sus unidades.

Apoyó al 43° Regimiento después de la 1ª Batalla de la Bolsa, rechazó ataques soviéticos con carros de combate e infantería, reemplazó al muy castigado 44° Regimiento en su sector... Durante la 3ª Batalla de Curlandia, el batallón de Fusileros fue agregado al 43° Regimiento, que estaba siendo muy castigado, hasta que fue sustituido por el 44° Regimiento, unidad a la que seguiría apoyando el 19° Batallón de Fusileros, en el mismo sector del frente.

Participó también en el resto de batallas de la Bolsa, cubriendo a los regimientos de la División, y realizando acciones heroicas, en las que sus miembros obtendrían numerosas condecoraciones y distintivos.

El entonces *Haupsturmführer* Ernsts Laumanis (a la derecha), en el frente del Vóljov, en 1943. Después de la guerra, Laumanis fue un activo partisano de los «Hermanos del Bosque», contra la ocupación soviética de su país.

Su jefe, el *Sturmbannführer* Laumanis, y algunos de sus soldados, se internarían en los bosques de Curlandia a partir del 8 de mayo de 1945, para unirse al movimiento partisano letón: «Los Hermanos del Bosque».

EL 106º REGIMIENTO DE GRANADEROS SS

Este regimiento se constituyó en el seno del VI Cuerpo de Ejército letón, y no perteneció realmente a la 19ª División, aunque combatió con ella en la Bolsa de Curlandia. Fue una efímera unidad de caracter regimental (el 7º Regimiento formado en el seno de la «Legión Letona») que se organizó en octubre de 1944, en la Bolsa de Curlandia, sobre la base de los Regimientos de Guardias de Fronteras nº 2 y nº 5. Su primer jefe fue el *Obersturmbannführer* Janis Jansons, que ya mandaba el Regimiento de Fronteras. Des-

de el 4 de noviembre, el 106º Regimiento ocupó la línea del frente desde Pienava hasta Smiltnieki; ese mismo día, durante un reconocimiento, un proyectil de mortero hirió gravemente a Jansons, que murió en el hospital de Talsi. Lo sustituyó el *Sturmbannführer* Eduards Stipnieks. A mediados de noviembre se incorporaron al regimiento 300 hombres procedentes del 5º Regimiento de la Guardia de Fronteras, que aportaron a la unidad armas pesadas, lo que permitió crear el III Batallón. Desde ese momento, el regimiento dispuso de alrededor de 1000 hombres que hasta el 23 de diciembre realizaron trabajos de reconocimiento y construcción de fortificaciones, esperando un gran ataque enemigo. El ataque soviético comenzaría a las 09:00 h del 23 de diciembre, con una durísima preparación artillera, que continuó hasta las 13:00 h, destruyendo la mayoría de las armas pesadas del regimiento, y causando aproximadamente un 60% de bajas en el regimiento. Al fuego de

artillería le siguió el ataque de la infantería, que sólo al anochecer fue posible detener en la línea Irbes-Remesi. Los supervivientes del regimiento pasaron la noche de Navidad evacuando a los heridos y consolidando sus posiciones, aunque los soviéticos, apoyados por tanques, atacaron varias veces en puntos concretos, pero fueron rechazados. El 25 de diciembre por la mañana el enemigo volvería a atacar, consiguiendo los letones del 106º Regimiento, expulsarlos al mediodía. Lo que quedaba del regimiento ocupó estas posiciones hasta el 29 de diciembre, cuando el sector quedó cubierto por unidades adscritas a la 19ª División. En esta tercera batalla de la Bolsa de Curlandia, los rusos atacaron las posiciones del 106º Regimiento con seis divisiones de fusileros. Tras los combates, quedaron únicamente 150 hombres con capacidad de combate, siendo organizados en dos compañías de infantería al mando del *Hauptsturmführer* Lidums, y trasladados a otro sector del frente. El 106º Regimiento mantuvo estas posiciones hasta el 15 de enero de 1945, fecha en la que el jefe de la unidad, el *Sturmbannführer* Stipnieks, recibió la orden de disolverlo, debido a la falta de refuerzos, armas y medios de transmisiones, dividiendo a sus hombres con capacidad de combate entre los demás regimientos de la 19ª División.

Arriba. *Sturmbannführer* Eduards Stipnieks
Abajo. Suboficial letón.

El 19ª Grupo de Artillería Antiaérea SS

Denominado *Waffen-Flak-Abteilung der SS 19*, era la unidad de defensa antiaérea de la «Legión Letona». La formación de este grupo comenzó el 14 de octubre de 1943, al mando del capitán Peteris Rudzitis, aunque no estuvo listo hasta finales de noviembre, cuando llegó a disponer del total de la plantilla: 685 hombres.

Por esas fechas el grupo disponía de tres baterías: una pesada, dotada de cuatro cañones antiaéreos *FlaK* de 88 mm, y dos ligeras. La más ligera, armada con piezas de 20 mm, disponía de nueve cañones sencillos *FlaK* 38 y dos cuádruples *Flakvierling* 38; y la otra ligera, disponía de nueve cañones *FlaK* 38 de 37mm. Las baterías ligeras del grupo se prepararon para partir hacia el frente el 2 de marzo, alcanzando la línea «*Panther*» el día 7.

El 20 de marzo, el *Hauptsturmführer* alemán Keiks asumió el mando del grupo, participando en diversos combates en estrecha colaboración con las unidades de infantería hasta su partida al territorio de Letonia. El 28 de junio de 1944, el grupo fue puesto a disposición del VI Cuerpo de Ejército de las SS, y a principios de agosto, tras separar la batería de cañones antiaéreos de 20 mm, se unió al 15ª Grupo de Artillería Antiaérea (de la 15ª División) para formar el 506ª Grupo de Artillería Antiaérea, al mando del teniente Harry Gusev.

Página siguiente. Tres personajes letones en la Segunda Guerra Mundial. De izquierda a derecha: *Obersturmführer* Janis Buktus; *Gruppenführer* Rudolfs Bangerskis y *Standartenführer* Voldemars Veiss. En la parte superior, varios emblemas de brazo empleados por los soldados de la «Legión Letona». En la parte inferior, emblemas de cuello: el genérico de las SS (arriba) y de las divisiones letonas 19ª (centro) y 15ª (abajo). (Ramiro Bujeiro)

Abajo. Material antiaéreo ligero de origen alemán, entregado al Grupo de Artillería Antiaérea letón. A la izquierda una pieza FlaK 38, de 2 cm, y a la derecha una FlaK 38, de 3,7 cm. El tubo que aparece a la derecha, cortado, corresponde a una pieza ligera de campaña. La foto fue tomada en una formación de la «Legión Letona», presidida por el general Bangerskis.

EL GENERAL JANIS KURELIS. LOS «KURELIANOS»

Janis Kurelis fue un general del Ejército de Letonia en el período de entreguerras. Durante la Primera Guerra Mundial, Kurelis fue teniente coronel en el 5º Batallón de Fusileros de Letonia. Al final de la guerra, en Vladivostok (Rusia) organizó el Consejo Nacional Letón de Siberia y los Urales y formó el Regimiento «Imanta», bajo los auspicios y el apoyo de Francia. El regimiento vestía uniformes franceses con la adición de los colores nacionales letones. En febrero de 1920, cuando Vladivostok

cayó en manos de los bolcheviques, el Ministerio de Asuntos Exteriores de Letonia evacuó el regimiento con la ayuda de Gran Bretaña y Francia. Kurelis había sido llamado a Letonia en septiembre de 1919, ocupando varios puestos en el cuartel general y el Ministerio de Defensa, durante la Guerra de Independencia. Desde 1922 hasta 1940, cuando alcanzó la edad de jubilación obligatoria, Kurelis fue el comandante de la División Técnica del ejército, siendo ascendido a general en 1925. Como muchos otros oficiales militares retirados, no fue arrestado inmediatamente después de la ocupación soviética de junio de 1940. La primera ola de represión estuvo dirigida contra el personal en servicio activo. Durante la ocupación alemana, que comenzó un año después, fue director de una empresa de guardias de seguridad. En 1943, los alemanes permitieron el restablecimiento de la organización paramilitar «Aizsargi». Kurelis se unió al 5º Regimiento de Riga. En julio de 1944 Kurelis y el capitán Kristaps Upelnieks, organizaron una fuerza militar

con el objetivo oficial de, en caso de retirada alemana, formar grupos partisanos en la retaguardia de las fuerzas soviéticas. Para ello sus miembros fueron entrenados por el *Abwehr* alemán durante unos meses y recibieron armas sobrantes de varias unidades letonas en retirada. Pese a que el general Kurelis era el jefe de la Comisión Militar del Consejo Central de Letonia, el líder real de la comisión, además de ideólogo y verdadero organizador de los «Kurelianos» era Upelnieks. Pese a que se les había entrenado para operar tras las líneas rusas, los «Kurelianos» se desplazaron a la región de Curlandia en el otoño de 1944, y su verdadero objetivo era el de luchar contra las dos potencias ocupantes, la Alemania nazi y la Unión Soviética, para restaurar el estado independiente de Letonia. El 14 de noviembre de 1944, todo el cuartel general del grupo de Kurelis fue detenido. Cuatro días más tarde Upelnieks fue condenado a muerte junto a otros siete oficiales del grupo, cumpliéndose la sentencia al día siguiente en Liepaja. Kurelis fue arrestado y enviado a la sede de la «Legión Letona» en Danzig. Kurelis llegó vestido con su uniforme de general del ejército letón, con su esposa y sus dos hijos, fue interrogado repetidamente y se elaboró un informe. El general Janis Kurelis sobrevivió a la guerra y murió el 5 de diciembre de 1954 en Chicago. Tenía 72 años. El funeral de Kurelis incluyó una guardia de honor formada por miembros de la organización de veteranos de los legionarios letones «Daugavas Vanagi».

Arriba. El general Janis Kurelis.
Abajo. El capitán Kristaps Upelnieks

El 19º Regimiento de Artillería SS

Pese a que la orden de formación del 19º Regimiento de Artillería se dio el 17 de marzo de 1944, esta unidad fue heredera del llamado Grupo de Artillería Independiente de Letonia, más tarde bautizado como I Grupo de Artillería de Letonia, unidad formada en el seno de la 2ª Brigada SS de Voluntarios de Letonia como grupo ligero. En abril de 1944, el grupo era la única unidad de artillería de la 19ª División, formándose en mayo el II Grupo, también ligero. El 31 de mayo, el regimiento contaba con 1700 hombres, habiéndose formado ya los grupos III (ligero) y IV (pesado).

Estos últimos grupos, recién formados, fueron agregados a una unidad acorazada alemana, por lo que el regimiento letón sólo dispuso en estos primeros meses de los dos grupos ligeros iniciales, que tomaron parte en la importante batalla de More, a finales de septiembre de 1944, retirándose luego a Curlandia con el resto de las unidades letonas, e incorporándose en ese momento, los dos grupos agregados a los alemanes.

En la Bolsa de Curlandia, el I Grupo ocupó posiciones en la zona de Dzukste hasta finales de 1944; el II Grupo, tras apoyar al 42º Regimiento en las cercanías de Lestene, fue agregado al 18º Ejército desde el 1 de noviembre. El III Grupo permaneció –al igual que el I–, en la zona de Dzukste hasta final de año y el IV se disolvió a finales de octubre, dividiendo personal y material entre los grupos del 15º Regimiento de Artillería, que también estaba en la Bolsa de Curlandia.

En las batallas de la Bolsa en las que participó la 19ª División, las baterías de los grupos del 19º Regimiento, apoyaron todos los contraataques y operaciones defensivas de las unidades letonas implicadas. En la 3ª Batalla de la Bolsa, el 31 de diciembre de 1944, los soviéticos lograron penetrar hasta las posiciones del II y III Grupo, pero los artilleros consiguieron detenerlos y rechazarlos, actuando como última línea de defensa. El 8 de mayo, el 19º Regimiento, como el resto de las unidades letonas, se rindió a los rusos.

Arriba. Un suboficial letón con prismáticos, preparado para observar los efectos del tiro con piezas de 10,5 cm Rheinmetall, con las que estaban dotadas las baterías ligeras del 19º Regimiento de Artillería SS.

Abajo. Detalle de obús Le.FH18 de 10.5 cm con su vehículo oruga de arrastre RSO. Lleva los colores de Letonia en el escudo.

LA CINTA DE BOCAMANGA «KURLAND»

El Tercer Reich utilizó con profusión cintas cosidas en la bocamanga de los uniformes para distinguir a los soldados o las unidades que las llevaban, e incluso algunos destinos, especialidades o campañas. La cinta «Kurland» fue un distintivo otorgado a todos los soldados del Eje que habían quedado atrapados en la llamada Bolsa de Curlandia en octubre de 1944, tras la retirada del Grupo de Ejércitos «Norte» a dicha región de Letonia. Era de color beige, con una doble línea de pes-

puntes en paralelo, a modo de un cordoncillo, tanto en borde inferior como superior, a modo de remate. En la parte central tenía bordada la palabra «Kurland» en mayúsculas, flanqueada a su izquierda por el escudo de Mitau, capital de Curlandia, y a su derecha por la Cruz del Báltico, símbolo del Gran Maestre de la Orden de los Caballeros Teutónicos, todo ello bordado en negro. Dada la situación militar de la zona, incomunicada por tierra con el resto del territorio, y lo tardío de la concesión —marzo de 1945—, la producción de esta cinta fue muy irregular, dando lugar a múltiples variantes y muy diversas calidades en su fabricación.

Otras unidades divisionarias

La 19ª División SS letona tuvo en su seno otras unidades específicas, como el *Waffen-Panzerjäger-Abteilung der SS 19* (unidad antitanque), organizado en julio de 1943 en la 2ª Brigada Voluntaria de Letonia y heredado cuando ésta se transformó en 19º División. Encuadraba todo el material anticarro de la división, aunque el específico asignado a los regimientos de infantería, permanecía en las compañías contracarro regimentales. El material de dotación eran cañones PaK 38/40, de 5 y 7,5 cm, respectivamente, ametralladoras ligeras MG 34, y tractores RSO.

El *Waffen-Pionier-Abteilung der SS 19* era la unidad de zapadores de la división. Se organizó en abril de 1944, y después de completar su personal, entrenarlo y recibir el armamento, estuvo listo a finales de agosto de ese mismo año. Participaría en las batallas de retirada de Letonia y en la Bolsa de Curlandia.

La unidad de transmisiones de la división era la *Waffen-Nachrichten-Abteilung der SS 19*, y fue organizada en las mismas fechas que el batallón de zapadores, siguiendo sus mismos pasos. Esta unidad estuvo siempre al mando del *Sturmbannführer* alemán Heinz Gosepath, hasta mayo de 1945.

Entre enero y marzo de 1944, prevista ya la transformación de la 2ª Brigada SS letona en división, surgió la necesidad de obtener personal adicional, tanto para completar las unidades existentes, como para crear otras nuevas. Para ello, en enero, se organizó en territorio letón el llamado 1º Regimiento de Entrenamiento SS (*SS-Ausbildungs-Regiment 1*) al mando del *Sturmbannführer* Kocins. Esta unidad, con casi 3000 hombres, salió para el frente en marzo, incorporándose a la división en las posiciones del río Velikaja. Allí repartió la mitad del personal entre las otras unidades divisionarias, y se constituyó en 44º Regimiento de Granaderos SS.

Posiciones antitanques letonas en el río Velikaja, en la primavera de 1944. La pieza que manejan es un cañón contracarro PaK 40 Rheinmetall, de 7,5 cm.

LA 15ª DIVISIÓN DE VOLUNTARIOS SS

El 15 de febrero de 1943, el Cuartel General de las SS emitió una orden para la formación de una división letona de voluntarios, integrada en la llamada «Legión Letona», fijando el 25 de febrero como fecha de inicio de la formación. El 26 de febrero se emitiría una orden más detallada para la formación de la nueva unidad, que era designada como la «División de Voluntarios de las SS de Letonia», sin incluir, inicialmente, el número.

De hecho, la constitución de la división no comenzaría hasta el 23 de marzo de ese mismo año de 1943. La formación y el entrenamiento de la división estarían controlados por un estado mayor al mando del *Brigadeführer* de la *Waffen SS* Peter Hansen –del que ya hablamos en capítulos anteriores–. Por orden del 24 de mayo de 1943 el *Reichführer SS*, Heinrich Himmler nombró al general von Pückler-Burghauss comandante de la división.

El coronel letón Arturs Silgailis, fue nombrado jefe de infantería de la división por orden del *Brigadeführer* Hansen de 19 de marzo. Desde el 22 de octubre de 1943 hasta junio de 1944, luchó en el frente como 15ª División de Voluntarios de las SS de Letonia, y en

Arriba. El general Rudolfs Bangerskis (a la derecha) en la estación de ferrocarril de Riga. A la izquierda, en segundo plano, el coronel Arturs Silgailis, mano derecha del general en la Inspección de la «Legión Letona». Silgailis mandó un *Kampfgruppe* letón en los famosos combates del río Velikaja, en la primavera de 1944, cuando la 15ª División y la incipiente 19ª Division –ambas letonas–, lucharon juntas en el frente.

Abajo. El jefe del primer regimiento letón organizado en el seno de la 15ª División, fue el coronel Arvids Kripens.

Página siguiente. Una formación de soldados letones de la «Legión Letona», encuadrados en la *Waffen SS*.

ese mismo mes de junio pasó a llamarse 15ª División de Granaderos de la *Waffen SS* (letona nº 1) (*Waffen-Grenadier Division der SS 15 (lett.1)*).

En el seno de la 15ª División SS letona se organizaron tres regimientos de infantería, uno de artillería y varias unidades de apoyo (zapadores, transmisiones, contracarro...), además de un batallón de depósito y las unidades administrativas.

El primer regimiento en constituirse recibió inicialmente el nombre de *SS Freiwilligen und Ausbildungs Regiment «Paplaken»*, o lo que es lo mismo «Regimiento de Voluntarios y Entrenamiento SS «Paplaka», cuyo propósito era preparar cuadros para las unidades de la división. Se le otorgó el mando al *Standartenführer* Arvids Kripens, quien se incorporaría al campo de manio-

CARL FRIEDRICH VON PÜCKLER-BURGHAUSS

Noble alemán nacido en Alta Silesia en 1886, fue el primer jefe de la 15ª División de Voluntarios SS (1ª letona), aunque fue reemplazado antes de que esta gran unidad entrara en combate. Ingresó en el Regimiento de Coraceros en Breslau en 1908, sirviendo en unidades en la infantería durante la Primera Guerra Mundial. Dejó el ejército en 1919 con el empleo de capitán y estuvo integrado en los *Freikorps* hasta 1931, cuando se unió al Partido Nazi y a las SA. Entre marzo y noviembre de 1933, fue miembro del Parlamento alemán, en representación del distrito de Oppeln. En 1940 se unió a las SS, y tras finalizar el curso de policía, se convirtió en ayudante de Erich von dem Bach-Zelewski, jefe de las unidades de policía en la retaguardia del Grupo de Ejércitos Centro. En agosto de 1942 fue nombrado jefe de las unida-

des de la *Waffen SS* en Bohemia y Moravia. En 1943 fue nombrado jefe de la recién creada 15ª División SS de Voluntarios letones. Durante el levantamiento de Praga en mayo de 1945, Pückler-Burghauss representó la línea dura de las SS. Durante las negociaciones con el Consejo Nacional Checo, amenazó a menudo con la destrucción total de Praga. Contraviniendo los términos de la capitulación alemana, que entró en vigor el 8 de mayo de 1945, Pückler-Burghauss con sus tropas se trasladó al oeste, intentando rendirse a los norteamericanos dando lugar a la batalla de Slivice, en la que los alemanes fueron derrotados. Firmó una capitulación el 12 de mayo, último documento de rendición de la Segunda Guerra Mundial en Europa. Poco después se pegó un tiro junto a algunos miembros de su personal.

bras de Paplaka (Curlandia) el 3 de mayo de 1943 para hacerse cargo de la unidad, que contaba inicialmente con dos batallones, cada uno de ellos con tres compañías de fusileros, una de armas automáticas, una de armas antitanque y una de cañones de acompañamiento de infantería. En julio de 1943 se organizaría el III Batallón, con la misma estructura que los otros dos, aunque tres meses más tarde se disolvería para ser agregado a la 2ª Brigada de Voluntarios SS de Letonia.

En noviembre de 1943, después de ocho meses de organización y entrenamiento, el Regimiento (junto al resto de la 15ª División), partiría con destino al frente. Desde hacía algún tiempo, se le había asignado el nº 32 en la secuencia alemana de los regimientos de la *Waffen SS*, y era el nº 3 en la secuencia letona (ya que el nº 1 y el nº 2 eran los de la 2ª Brigada de Voluntarios SS)

Página siguiente, abajo. El *Standartenführer* Augusts Apsitis-Apse, primer jefe del Regimiento nº 34 de la 15ª División. Estuvo muy poco tiempo al mando de esa unidad de infantería letona, pues en enero fue sustituido por Karlis Dzenitis-Zenings.

El segundo regimiento letón de Infantería, organizado en la 15ª División (nº 4 en la secuencia letona), fue fue el nº 33, al mando del *Standartenführer* Vilis Janums. La orden de creación de este regimiento data del 15 de junio de 1943, y su constitución se produjo en la localidad de Vainode (Curlandia), al este de Paplaka.

Arriba. El *Standartenführer* Vilis Janums (teniente coronel en el Ejército de Letonia), impone una condecoración a un soldado letón del 33º Regimiento de Granaderos de la 15ª División de la *Waffen SS*. Janums mandó este regimiento hasta el final de la Segunda Guerra Mundial, entregándose a los norteamericanos cerca de Lindau, el 27 de abril de 1945 con todo su *Kampfgruppe*. Estaba en posesión de la Cruz Alemana en Oro.

Su primer batallón se formó con reclutas procedentes del batallón de entrenamiento del 32º Regimiento, que llegaron a Vainode el 27 de junio de 1943.

Sin embargo, los otros dos batallones (el II y el III) no se organizarían hasta octubre-noviembre de 1943. Así, cuando el 29 de noviembre se ordenó al regimiento partir para el frente, el I Batallón estaba totalmente operativo, y el II Batallón recién formado, aunque listo para partir. El III Batallón, por contra, no pudo salir al estar todavía en formación. Tampoco estaban operativas ni la compañía de Cuartel General, ni las compañías de cañones de acompañamiento ni las de defensa contracarro.

La salida para el frente se produjo el 9 de diciembre –con unos días de retraso–, debido a un incidente provocado por un espía emboscado en la unidad, que envenenó la comida del regimiento con arsénico, lo que afectó a más de 400 soldados, que estuvieron muy afectados.

El tercer regimiento de la 15ª División (nº 5 en la secuencia letona) comenzó a organizarse en la ciudad de Cesis el 12 de julio de 1943, cuando el coronel letón Augusts Apsitis-Apse fue seleccionado para mandarlo. Para facilitar su entrenamiento, el regimiento recibió armas francesas que ya no se usaban en el frente. La unidad envió al frente del Vóljov a los primeros 1000 reclutas formados, para así completar el personal de la 2ª Brigada de Voluntarios SS letona que allí combatía. En septiembre, el regimiento fue trasladado a la ciudad costera de Ventspils (Curlandia),

recibiendo el 8 de noviembre la orden de disolver el III Batallón y de prepararse para marchar al frente cuatro días más tarde. De hecho, este regimiento fue el primero de los tres de la 15ª División letona que se incorporó a la línea de frente.

En las mismas fechas que los tres regimientos de infantería precedentes, se organizaría en Jelgava un regimiento de artillería con destino a la 15ª División, proponiendo para mandarlo al general de artillería del Ejército de Letonia, –nombrado *Standartenführer*– Voldemars Skaistlauks. La organización del regimiento y su entrenamiento fue muy lento, utilizando material en desuso y recibiendo el material alemán –ligero y pesado– en fechas muy tardías –diciembre de 1943–, uniéndose a estos problemas la falta crónica de caballos de tiro para las piezas.

Cuando se envió la 15ª División al frente, en diciembre de 1943, sólo estaba preparado el I Grupo Ligero, que fue el que pudo salir con ella, quedando el resto en Jelgava rematando el entrenamiento.

Para completar la gran unidad letona, en las fechas de constitución de la división fueron previstas otras unidades de rango inferior a regimiento, como el 15º Batallón de Fusileros SS (unidad de reconocimiento de la división), el 15º Batallón antitanque, el 15º Batallón de Zapadores o el 15ª Batallón de Transmisiones, unidades todas ellas formadas a partir del verano de 1943, y que a finales de diciembre de ese año, de desigual manera unas y otras, pudieron salir hacia el frente constituyendo la 15ª División SS letona. Otras unidades organizadas más tarde, se incorporarían en los meses posteriores a la partida de la 15ª División, como fue el caso del 15º Grupo de Artillería Antiaérea SS.

Arriba. El general de artillería letón, Voldemars Skaistlauks, fue el primer jefe de policía en Riga tras la entrada de las tropas alemanas en junio de 1941, siendo pronto sustituido por Voldemars Veiss. En abril de 1943 se incorporaría a la 15º División SS para mandar el regimiento de artillería con la graduación de coronel (*Standartenführer*).

Abajo. Pieza antiaérea cuádruple de 20 mm *Flakvierling* 38, integrada en la 1ª Batería ligera del Grupo Antiaéreo SS de la 15ª División letona.

Página siguiente. El general inspector de la Legión Letona, Rudolfs Bangerskis preside un desfile de los legionarios, encuadrados en las unidades de la Waffen SS. Pese a que se prometió a Bangerskis que mandaría la división letona, al final los alemanes no dejaron que la unidad estuviera al mando de un general no alemán. Así pasó en todas las divisiones, cuerpos de ejército, ejércitos y grupos de ejércitos de la *Waffen SS* a lo largo del conflicto.

15ª División Waffen SS (1ª letona). Diciembre 1943

• **32º Regimiento de Granaderos** (*Standartenführer* Kripens): Compañía de Cuartel General, seis compañías de fusiles, compañía de cañones y compañía pesada (lanzagranadas ligeros y pesados y cañones contracarro).

• **33º Regimiento de Granaderos** (*Standartenführer* Janums): Compañía de Cuartel General, cuatro compañías de fusiles, compañía pesada.

• **34º Regimiento de Granaderos** (*Standartenführer* Apsitis): Compañía de Cuartel General, cuatro compañías de fusiles, compañía pesada.

• **15º Regimiento de Artillería** (*Standartenführer* Skaistlauks): tres grupos ligeros y uno pesado.

• **15ª Batallón de Fusileros**(*Haupsturmführer* Lapainis): tres compañías de fusiles, compañía pesada.

• **15º Batallón de Zapadores** (*Haupsturmführer* Klavins).

• **15º Batallón de Transmisiones** (*Haupsturmführer* Zebergs)

• **15º Batallón Antitanque** (*Haupsturmführer* Trezins)

• **15º Grupo de Artillería Antiaérea:** (*Sturmführer Bergs*) (Se incorporaría al frente en enero de 1944).

•Agregadas a la 15ª División estaban también varias unidades logísticas, de servicios, administrativas, sanitarias y de depósito, entrenamiento y reemplazo.

El 31 de diciembre de 1943, la 15ª División SS letona disponía de 15 192 hombres.

La 15ª División entra en combate

En el mes de noviembre de 1943, la división comenzó a ser enviada al frente, siendo la primera unidad que partió, como hemos visto, el 34º Regimiento. Es cierto que en el momento de la salida, a muchas unidades les faltaba hasta el 25% de su personal.

En diciembre de 1943, de acuerdo con la transición a la estructura de divisiones «Tipo 1944», los regimientos de infantería tenían sólo dos batallones, en lugar de tres. Las unidades de la división recibieron parte del material de combate sólo unos días antes de partir hacia el frente, aunque les faltaban vehículos y varios suministros.

La división recibió instrucciones de comenzar a establecer posiciones cerca del río Velikaja en el distrito de Novoso Kólniki (*oblast* de Pskov). Para acostumbrar a los nuevos soldados a las operaciones de combate, los letones de la división fueron asignados a unidades alemanas en la primera línea de combate, en pequeños grupos.

Los primeros días de enero de 1944, cuando comenzó el ataque soviético, estos grupos se involucraron en los combates integrados en las unidades alemanas y no se reincorporaron a la división, pese a las protestas de los jefes letones.

Arriba. Un grupo de suboficiales y soldados de la «Legión Letona» integrados en la *Waffen SS* se fotografían en pose relajada, antes de partir al frente. Se distinguen fácilmente los escudos con los colores de Letonia en los antebrazos de varios de ellos. En los parches de cuello de todos se aprecian las runas.

Abajo. Enero de 1944. Suboficiales letones formándose en la Academia de Arnhem (Holanda).

LUGARES EN LOS QUE COMBATIÓ LA 15ª DIVISIÓN HASTA SU ENVÍO A ALEMANIA.

Novgorod

ESTONIA

Pskov

Ostrov

RUSIA

LETONIA

Riga

Opochka

Zilupe

Novosokolniki

Daugavpils

Nevelya

LITUANIA

BIELORUSIA

Vitebsk

La 15ª División SS letona tuvo que asignar cada vez más unidades a las divisiones alemanas. El 17 de febrero, el SS *Oberführer* Nikolaus Heilmann asumió el mando de la división. En marzo de 1944, las dos divisiones letonas se integrarían en el VI Cuerpo de las SS, comandado por el general Karl Pfeffer-Wildenbruch.

Entre el 14 de enero y el 15 de febrero de 1944, la 15ª División participó en batallas defensivas al norte de Nevelya, del 4 al 12 de marzo de 1944 en las primeras batallas defensivas cerca de Ostrov y Pskov, y entre el 13 de marzo y el 11 de abril de 1944, en la batalla defensiva al norte de Opochka. Desde el 24 de abril hasta el 21 de junio de 1944, tomó parte en diversos combates en el área operativa del Grupo de Ejércitos Norte, y luego se retiró hacia Letonia.

El 26 de junio de 1944, el *Standartenführer* Krippens entregó el mando del 32º Regimiento al *Obersturmbannführer* Karlis Aperats. El 16 de julio, el 32º Regimiento fue destruido casi por completo durante las batallas en la frontera de Letonia y Rusia, muriendo en combate su comandante, Aperats, cerca de Zilupe. Sería sustituido por el *Obersturmbannführer* Celli en el mando del regimiento.

Abajo. El *Oberführer Nikolaus Heilmann* fue nombrado jefe de la 15ª División SS en febrero de 1944, poco después de su incorporación al frente. Estaría al frente de la unidad sólo seis meses, hasta agosto de 1944.

16 DE MARZO DE 1944: LAS DIVISIONES LETONAS LUCHAN JUNTAS

Entre el 16 y el 18 de marzo de 1944 tuvieron lugar a tan solo 40 kilómetros de la frontera letona, unos combates en la orilla del río Velikaja, al sureste de Ostrov, en los que combatieron juntas las dos grandes unidades letonas: la 15ª División SS y la todavía 2ª Brigada *SS* –en proceso de transformación a 19ª División SS–. Precisamente, tras su llegada a las posiciones del Velikaja, se organizaría el tercer regimiento de Infantería –el nº 44–, y otros servicios que darían a la brigada la categoría de división. Ambas unidades, agrupadas en el que sería el VI Cuerpo de Ejército de la *Waffen SS*, ocuparon posiciones defensivas en la «Línea Panther», al sur la 15ª y al norte la 19ª, ocupando unos 25 kilómetros de frente, desde Voronich, aunque dichas posiciones eran incompletas y estaban ubicadas en un lugar con muchas desventajas con respecto a sus enemigos: más bajas y ampliamente visibles desde la orilla oriental. Fue entonces cuando el *Standartenführer* Voldemars Veiss, jefe de la Infantería de la 19ª División, pro-

puso tomar posiciones en tierras más altas, a uno o dos kilómetros al este de la línea defensiva, aunque ello no sería posible pues los rusos estaban atacando ya las posiciones letonas. Era el día 1 de marzo y los ataques rusos se multiplicaban en la línea defensiva del río Velikaja. Entre el 4 y el 10 de marzo, la 15ª División paró sucesivos ataques rusos a sus posiciones, haciendo muchas bajas a los enemigos. Los combates más duros tendrían lugar entre el 16 y el 19 de ese mismo mes de marzo, en el lugar más importante, estratégicamente hablando, de toda la zona ocupada por los letones: la llamada colina 93.4, situada en la orilla occidental del Velikaja, en el punto de contacto entre las dos grandes unidades letonas. Si se perdía esta altura, era probable que los rusos se hicieran con todas las posiciones letonas que tanto esfuerzo les había costado implementar los anteriores días, desmoronando la defensa y, posiblemete, aniquilando las unidades defensoras. Premonitoriamente, el día 15 de marzo, el jefe de la recién estre-

BATALLAS DEL RIO VELIKAJA. 1-19 DE MARZO DE 1944

Río Velikaja

Zukovo

44

Darino

Podbornoe

III
44

42

III
42

Vili

43

III
43

Kupry

III
32

III
44

93.4

3

2

1

Kozhino

PC 19 DIVISIÓN
Voronkovo

Aluferovo

Río Velikaja

III
34

32

34

Ovechkino   Strechno   Moshino

Novgorodka

PC 15 DIVISIÓN
Aleknovo

33

III
33

Voronich

Selikhnovo

Leyenda:
- Línea de frente
- Ataques soviéticos
- Contraataques letones
- Límite 15ª División
- Límite entre las divisiones letonas
- Límite 19ª División
- ❶ 1 de marzo de 1944
- ❷ 4-10 de marzo de 1944
- ❸ 15-16 de marzo de 1944
- ▲ Colina 93.4
- Regimientos letones

nada 19ª División moría de un impacto directo de arma contracarro en el frente. La mañana del 16 de marzo, los rusos iniciaron un fuerte cañoneo de la citada colina y el cercano pueblo de Sapronovo; después avanzaron los carros de combate y la infantería, abandonando los letones la posición ante la enorme avalancha de fuego. En un contraataque letón se recuperaría el pueblo, aunque no la importantísima posición 93.4. Consciente de la importancia estratégica de la posición, el comandante del 18º Ejército alemán, *Generaloberst* Lindemann, ordenó al jefe de la Infantería de la 15ª División letona, el *Oberführer* Silgailis, la recuperación de la altura en manos de los soviéticos. Para el ataque se le asignaron cuatro batallones, una batería de cañones de asalto y el apoyo aéreo de varios aviones Ju 87 «Stuka». En la tarde del 18 de marzo, tras el fuego artillero y el ataque de los aviones, la colina 93.4 fue tomada por los letones nuevamente, aunque horas después, los rusos volverían a tomarla, siendo nuevamente expulsados de las alturas en feroces ataques letones a la bayoneta. En dos semanas de combates, casi 11 divisiones soviéticas fueron desechas en la zona de las dos divisiones letonas. Lindemann felicitaría a ambas divisiones.

El 17 de julio, ambas divisiones, bastante maltrechas de personal cruzaron la frontera de Letonia en retirada. Después de llegar a su patria, los restos de la 15ª División fueron retirados de la primera línea. El equipo pesado de la división y parte del personal apto para el combate, fueron distribuidos para completar la 19ª División. El regimiento de artillería y el batallón de zapadores de la 15ª División, ambos al completo, también quedaron a disposición de la 19ª División.

El 31 de julio de 1944, lo que quedaba de la 15ª División se desplegó en el distrito de Sigulda, donde se formó un regimiento de infantería con todas las unidades de infantería restantes, al mando del *Standartenführer* Karlis Dzenitis-Zenings. Después de su formación, el regimiento fue enviado al pueblo de Koknese, donde apoyó al 25º Batallón de Zapadores alemán. Las otras unidades de la 15ª División fueron trasladadas al distrito de Straupe-Limbazu (Semigalia).

El *Standartenführer* Arvids Kripens, entonces comandante del 32º Regimiento SS de la 15ª División, pronuncia unas palabras en la comida el día de San Juan (24 de junio) de 1943. A su lado, en primer plano, el *Hauptsturmführer* Oskars Pommers, jefe de la compañía antitanque regimental, y detrás, otros mandos del regimiento. A los pocos días, Krippens sería sustituido por el *Standartenführer* Karlis Apperats.

STANDARTENFÜHRER KARLIS APERATS

Nació el 5 de marzo de 1891 en la parroquia de Vilce. Participó en la Primera Guerra Mundial como voluntario, combatiendo en varias unidades, entre ellas, el Batallón de Fusileros Letones «Daugavgriva», terminando la misma con el empleo de suboficial. Al comienzo de la Guerra de Independencia de Letonia, el 15 de diciembre de 1918, se unió voluntariamente al recién formado 1º Batallón Independiente letón del «Baltischen Landeswehr» como jefe del equipo de comunicaciones. Ascendió a teniente en 1919 y a primer teniente en 1920, después de haber participado en las batallas por la liberación de Latgalia. Recibió la Orden de Guerra de Lacplesis, la máxima condecoración letona por su valor en el conflicto. En 1924 fue ascendido a capitán y en abril de 1931, tras su ascenso a comandante, fue elegido concejal del Ayuntamiento de Liepaja. En noviembre de 1936 ascendió a teniente coronel, siendo destinado al Batallón de Transmisiones del Ejército Letón. Aunque Aperats no fue reprimido, describió con crudeza los acontecimientos iniciales de la ocupación soviética de Letonia: el estado de ánimo en el ejército letón, la entrada de tanques del Ejército Rojo en Riga, así como los disturbios cerca de la prefectura de Riga. Después de la invasión alemana de la URSS, Aperats se ofreció voluntario para las primeras unidades letonas formadas en el ejército alemán, siendo nombrado comandante del 26º Batallón de Policía «Tukuma» en 1942, y en marzo de 1943 se le otorgó la jefatura del II Batallón del 1º Regimiento de Infantería de Letonia, integrado en la Brigada de Voluntarios SS de Letonia. El 22 de agosto de 1943 obtuvo la EK.II y el 21 de septiembre de ese mismo año, la EK.I. Mandó este batallón durante un breve tiempo en el Frente Vóljov, pero cayó enfermo y en enero de 1944 se vio obligado a ir a Riga para recibir tratamiento. El 26 de junio de 1944, Aperats fue nombrado comandante del 32º Regimiento de la 15ª División de Voluntarios SS (1ª letona). En julio de ese mismo año, obligado por la superioridad y el empuje de los soviéticos, el 32º Regimiento de Infantería letón se retiró de las posiciones de Opochka en las orillas del río Velikaja; en la retirada, restos de otras unidades letonas se agregaron a lo que quedaba del 32º Regimiento, constituyendo el «Kampfgruppe Aperats», formado por unos 850 hombres. El Kampfgruppe se retiró hacia el pueblo de Mozuli (muy cerca de la frontera letona), aunque ya estaba en manos del enemigo. Entonces la unidad de Aperats fue rodeada por dos divisiones del Ejército Rojo. En la tarde del 16 de julio, el Obersturmbannführer Aperats resultó gravemente herido en un ataque de tanques enemigos. Tras entregar el mando se negó a su evacuación para no retrasar la retirada. En la batalla murieron más 300 soldados letones. Testimonios de compañeros de armas sugieren que para no ser capturado, el teniente coronel Aperats se pegó un tiro. Fue ascendido póstumamente a Standartenführer y premiado su valor con la Cruz de Caballero de la Cruz de Hierro (Ritterkreuz).

En la segunda quincena de agosto de 1944, parte de la 15ª División fue trasladada en barco desde Riga al distrito de Konitz, en Prusia Occidental, para ser reformada. Como el 15º Regimiento de Artillería permaneció en Letonia, subordinado a la 19ª División, en Alemania se formaría un nuevo regimiento artillero, que sería el segundo que organizaría la 15ª División, siendo nombrado jefe del mismo el *Obersturmbannführer* Röberg.

La denominada 15ª Brigada de Entrenamiento y Refuerzo SS, que se había creado el 21 de diciembre de 1943 a partir del batallón de entrenamiento y refuerzo de la división, permaneció en la ciudad de Jelgava, y a finales de julio de 1944 combatió en la frontera lituana, así como en la defensa de la propia Jelgava, siendo destruida en estas batallas.

Varios oficiales letones de la 15ª División, embarcados con destino Alemania en el verano de 1944. Allí se volvería a constituir esta unidad con personal de los regimientos de policía, de guardia de fronteras y de otras unidades.

Renace en Alemania la 15ª División SS letona

El 21 de julio de 1944, el *Oberführer* Herbert *von* Obwurzer, comandante de la 15ª Brigada de Entrenamiento y Reabastecimiento, tomó el mando de la 15ª División *Waffen SS* letona. El mando del 34º Regimiento fue asignado al *Obersturmbannführer* Viksnes.

Arriba. Varios oficiales letones de la 15ª División, embarcando con destino Alemania en el verano de 1944. Allí se volvería a constituir esta unidad con personal de los regimientos de policía, de la guardia de fronteras y de otras unidades.

Página anterior. El *Standartenführer* Vilis Janums, estuvo al mando del 33º Regimiento de Granaderos SS letón, integrado en la 15ª División. Salvaría la vida de muchos soldados letones al evitar las órdenes alemanas de acudir al Berlín sitiado, en abril de 1945.

Como ya se ha afirmado en capítulos anteriores, para reestructurar y completar la plantilla de la 15ª División se utilizaron hombres del Regimiento de la Guardia de Fronteras de Letonia nº 3 y de los Regimientos de Policía Voluntaria de Letonia nº 1 y nº 2 bis, así como personal de la Policía de Orden formado en Letonia (desde el 14 de mayo de 1944, el Servicio de Policía Independiente estaba integrado en la «Legión Letona»).

También pasaron a la 15ª División otros soldados letones que, inicialmente, fueron movilizados en otras unidades militares fuera de la *Waffen SS*. Fueron incluso transferidos a la división, jóvenes reclutados en el Servicio de Trabajo (*Reichsarbeitsdienst - RAD*), que habían sido licenciados tras su período servicio obligatorio –un año– y que todavía se encontraban en Alemania, alcanzando unos 1200 hombres. El 20 de septiembre de 1944, la división tenía casi 17 000 hombres, incluidos oficiales, suboficiales y tropa.

Como se trataba de demasiados hombres para un plantel tan reducido de cuadros de mando y material disponible, parte del personal reclutado sirvió para organizar tres regimientos de construcción (*SS Bau Regiment des 15 SS Division*), que estaban bajo el mando de la división, uno de ellos ubicado en Rumelsburg y los otros en Thorn (actual Torún en Polonia), disponiendo en octubre de 1944 de unos 10 000 hombres.

El tamaño de los regimientos de construcción, unido a la poca aplicación directa a las necesidades de la división de dichas unidades, crearon una carga importante para el sistema logístico de la gran unidad letona. Debido a estos problemas, la jefatura de la 15ª División solicitó al mando de las SS alemanas independizar los citados regimientos de la división. Por orden del 29 de noviembre de 1944 los *SS Bau Regiment* serían independizados y agrupados en el llamado *Waffen SS Lettisches Feldersatz Depot*.

Soldados del 32º Regimiento de Granaderos SS letón, en marcha por Pomerania. Enero de 1945.

A comienzos de 1945 la 15ª División *Waffen SS* letona, pese a que todavía no estaba preparada para el combate, tuvo que tomar las armas debido a la intensa presión de las vanguardias soviéticas sobre la zona en la que se estaba reconstituyendo. A partir del 15 de enero de 1945 participó en intensas batallas en la retirada de Prusia Oriental, cerca de Danzig, Pomerania, Mecklemburgo y Brandeburgo.

El 26 de enero de 1945, el comandante de la división, el *Oberführer* Herbert *von* Obwurzer se suicidó cuando cayó en una emboscada soviética, en el curso de una operación de reconocimiento. Todo el frente alemán colapsaba, y la frágil división letona no podía frenar al imparable Ejército Rojo en su avance ya por territorio alemán.

El 3 de febrero, el jefe del 32º Regimiento, Rubenis y el del reconstituido 15º Regimiento de Artillería, el capitán Eglitis, murieron en combate cerca de Landek, mientras que el comandante del 34º Regimiento, el teniente coronel Viksne, resultó herido.

La unidad de depósito de campaña SS letona

El «*Waffen SS Lettisches Feldersatz Depot*» era una unidad de reserva de la Legión Letona, que fue utilizada para organizar refuerzos para las divisiones 15ª y 19ª, así como para las unidades de construcción de fortificaciones. Fue creado el 29 de noviembre de 1944 con el personal del 1º Regimiento de Policía Voluntaria de Letonia «Riga» y el 2º Regimiento de Policía Voluntaria de Letonia «*Kurzeme*», y asignado a la 15ª División , así como reclutas nacidos en 1925

Teniente coronel Nikoljas Rusmanis

y 1926, que se dividieron temporalmente en cinco regimientos de construcción, con unos 10 000 hombres. También se incluyeron en el depósito unos 400 «Kurelianos» liberados del campo de Stutthof. El *Standartenführer SS* alemán Georg Martin, fue nombrado jefe de la unidad, cuya misión principal era la de reunir a los legionarios letones, enviar a los aptos para el servicio a la 15ª División, y con el resto formar unidades de construcción. Se llegaron a formar tres regimientos, cada uno de los cuales tenía cinco batallones, y cada batallón, cuatro compañías, cada una de 200 hombres. Los regimientos de construcción 1º y 2º se formaron con personal de los regimientos de policía 1º y 2º, respectivamente. La estructura de la unidad era la siguiente:

1º Regimiento de Granaderos de la *Waffen SS,* al mando del teniente coronel Osvalds Meija.

2º Regimiento de Granaderos de la *Waffen SS,* al mando del teniente coronel Nikolajs Rusmanis.

3º Regimiento de Granaderos de la *Waffen SS,* al mando del coronel Theodor Brigge.

A pesar del nombre oficial, en la práctica eran regimientos de construcción —y no de combate—. Los dos primeros estaban estacionados en la ciudad de Thorn, y el 3º en Rummelsburg. Los letones encuadrados en estos regimientos

carecían de ropa y calzado, de habitaciones para vivir, de mantas y en algunas unidades ni siquiera había cacerolas para cocinar. Evidentemente, no disponían de armamento. A pesar de la insuficiente alimentación, los hombres de los regimientos se dedicaban a cavar zanjas para la construcción de fortificaciones. El 12 de enero de 1945, los regimientos de construcción 1º y 2º fueron sorprendidos por el ataque de tanques soviéticos en Thorn, lo que les obligó a partir hacia Bromberg (hoy ciudad polaca de Bydgoszcz). Después de esta retirada, unidades de ambos regimientos de construcción partieron hacia Zempelburg (hoy ciudad polaca de Sępólno Krajeńskie) y Schlochau (hoy ciudad polaca de Człuchów), llegando allí a finales de enero. En esta zona los regimientos de construcción complementaron a las unidades de la 15ª División. A mediados de febrero, las unidades de depósito fueron enviadas a Stettin (hoy ciudad polaca de Szczecin). Por esas mismas fechas llegó la orden de enviar 2500 hombres a la Bolsa de Curlandia para reforzar a la 19ª División. El 31 de marzo de 1945, estos hombres, junto con soldados heridos de la 19ª División, que ya se habían recuperado en Alemania, fueron a Curlandia al mando del teniente coronel Rusmanis. («*Kampfgruppe Rusmanis*»). El 16 de abril comenzó la gran ofensiva soviética en la zona del Oder, pero los regimientos de construcción no recibieron la orden de dirigirse al oeste hasta el día 27. Al intentar evitar a las fuerzas enemigas y después de sufrir grandes pérdidas, el 3º Regimiento de Construcción se retiró y dispersó, cayendo gran parte de sus hombres en manos de los comunistas rusos. Los otros dos regimientos de construcción lograron llegar a la zona de Travemünde y rendirse allí a los aliados occidentales.

BRIGADEFÜHRER HERBERT VON OBWURZER

Oficial austro-húngaro en la Primera Guerra Mundial, al terminar el conflicto fue dado de baja en el ejército. Participó en los combates en los países bálticos en 1919, combatiendo integrado en la División de Hierro. Se unió al partido nazi en 1930 y se fue a vivir a Alemania. Después de ocupar varios puestos en empresas privadas, tras la toma del poder por Hitler trabajaría en la oficina de Rudolf Hess y en otros puestos oficiales. En 1937 se integró en la *Wehrmacht* con el empleo de Major. En 1942 se pasó a la *Waffen SS,* donde se le habilitó como *Oversturmbannführer*, mandando un regimiento de infantería en la División de Montaña «*Nord*». En marzo de 1943 se le encargó la formación de la División de Montaña «*Handschar*», con tropas croatas, de la que sería su primer comandante. En septiembre de 1943, con el empleo de *SS Oberführer*, pasó a mandar un regimiento de la 1ª Brigada de Infantería SS y en marzo de 1944, se le encargó el mando de la 15ª Brigada de Entrenamiento y Reabastecimiento SS, unidad dependiente de la 15ª División SS letona. El 21 de julio de ese mismo año, tras la debacle y casi destrucción de la Brigada y el envío a Alemania para su reconstitución de la 15ª División SS, Von Obwurzer pasó a mandar la división letona. En enero de 1945, cuando todavía estaba al mando de esta unidad, en un trayecto de reconocimiento fue emboscado por unidades soviéticas. Al verse sin salida, se suicidó. Fue ascendido póstumamente a *SS Brigadeführer*.

El *Oberführer* Adolf Ax asumió temporalmente el mando de la división, pero el 15 de febrero, el *Oberführer* Karl Burk fue nombrado comandante de la división.

A principios de febrero, después de un enorme castigo en la retirada, el 32º Regimiento letón se disolvió por completo y los pocos hombres que le quedaban se incorporaron al 33º Regimiento. Un mes y medio más tarde, el 27 de marzo de 1945, el 32º Regimiento letón como el Ave Fenix, resurgía de sus cenizas y se volvía a formar con hombres de la unidad de depósito de la «Legión Letona». Después de intensos combates, el 4 de abril, sólo quedaban en la división unos 250 oficiales y 8000 suboficiales y soldados.

El 19 de abril, la división recibió la orden de formar una unidad tipo regimiento, con capacidad de combate, con el fin de que participara en la defensa de la capital de Reich. El regimiento se organizó con tres batallones de la 15ª División letona: el 15º Batallón de Fusileros, al mando del SS *Hauptsturmführer* alemán Eldon Walli, y los primeros batallones de los regimientos 32º y 33º, al

Oberführer alemán Adolf Ax; fue jefe de la 15ª División letona durante unos días del mes de febrero de 1945. El día 15 de ese mes sería sustituido por Karl Burk.

mando, respectivamente, del *Sturmbanführer* Alksnitis y del *Hauptsturmführer* Rubjas. El *Standartenführer* letón Vilis Janums, fue nombrado comandante de esta unidad.

Al darse cuenta de que quedarse en Berlín resultaría inútil y significaría una carnicería para los letones, Janums, contraviniendo las órdenes alemanas, decidió avanzar hacia el oeste con su «*Kampfgruppe*», bordeando Berlín por el sur. El 27 de abril, cerca de Güterglück, la unidad letona al mando del *Standartenführer* Janums se rindió a los estadounidenses. En el momento de la rendición, había 40 oficiales, 126 suboficiales y 658 soldados.

El 15º Batallón de Fusileros, al mando del *Hauptsturmführer* alemán Eldon Wallis, se separó del «*Kampfgruppe Janums*» por falta de medios de transporte y –casi al completo– participó en la defensa de Berlín.

Las unidades restantes de la 15ª División (los regimientos 33º, 34º, el Batallón de Antitanques, las unidades logísticas de la división, así como parte de la artillería, en total unos 5000 hombres) se concentraron en el bosque de Schwerin el día 2 de mayo, donde contactaron con los estadounidenses y depusieron las armas. El III Batallón del 32º Regimiento se rindió a los canadienses al norte del lago Schwerin, también el 2 de mayo.

Soldados letones del 33º Regimiento de la 15ª División de Granaderos SS. A la derecha se aprecia una bandera blanca de grandes dimensiones pues la foto recoge el momento de su capitulación en el bosque de Schwerin, el 2 mayo de 1945. Obsérvese la perfecta formación de las tropas y su buena presencia.

Letones en la defensa de Berlín

En marzo de 1945, unidades letonas que libraban intensos combates para cubrir la retirada de las unidades alemanas derrotadas de Pomerania, cruzaron el Oder en Swinemünde (actual Svinoscje) y fueron desplegadas en el área de Neubrandenburg como reserva del Grupo de Ejércitos «Weischel». Para armar a las unidades de reserva alemanas que iban al frente, los letones tuvieron que renunciar a todas sus armas automáticas, dejando sólo fusiles Mauser para las tareas de guardia. La 15ª División de Granaderos SS fue reforzada con reemplazos procedentes, principalmente, de regimientos letones de construcción, unidades que habían levantado posiciones para intentar frenar la avalancha roja.

Los letones de la 15ª División ya no tenían armamento colectivo, más que fusiles y los ubícuos «*Panzerfaust*» del final de la contienda. En la fotografía, retirada de los soldados letones del 33º Regimiento de la 15ª División, en Pomerania. Al fondo, al lado del árbol, el *Standartenführer* Vilis Janums, observa, preocupado, la marcha de sus hombres.

A principios de abril de 1945, el *Standartenführer* Janums –que se había planteado ponerse al mando de la 15ª División–, calculó que la unidad letona podría alcanzar con marchas nocturnas el Elba, al que ya habían llegado los aliados occidentales, y entregarse a ellos.

Sin embargo, en aquel momento era imposible llevar a 9000 hombres hasta allí, y menos todavía, hacerles cruzar el río sin medio alguno.

El teniente Ganins, del 33º Regimiento, fue el encargado de explicar a los oficiales letones la idea del coronel Janums, de entregarse a los aliados occidentales, procurando evitar a los oficiales alemanes de la unidad. El plan se vino abajo el 19 de abril, cuando el mando alemán ordenó preparar un *Kampfgruppe* en formación de combate, compuesto por el 15° Batallón de Fusileros y un batallón de cada uno de los regimientos 32° y 33°, para acudir a la defensa de Berlín.

La orden alemana era que el mando del citado *Kampfgruppe* debía recaer en el comandante del 33° Regimiento, el *Standartenführer* Vilis Janums. Evaluando todas las opciones, Janums dejó en su lugar al enérgico *Gruppenführer* Baumanis y decidió ir con su *Kampfgruppe* a Berlín e intentar cruzar el frente y entregarse a los Aliados desde allí.

A las 21.30 h. del día 19 la columna letona partió hacia Berlín, pero como el transporte era insuficiente, pues se integraron secciones de transmisiones, zapadores, apoyo médico y logístico, el grueso del 15° Batallón de Fusileros retrasó su salida.

En la mañana del 20 de abril se consiguieron camiones y lo que quedaba del batallón de fusileros letón se puso en marcha, alcanzando al final del día el suburbio oriental de Erkner, unos 20 km al este de la capital alemana, y ocupando posiciones en la orilla este del canal Erkner.

KAMPFGRUPPE «JANUMS» Y 15° BATALLÓN DE FUSILEROS. BERLÍN, ABRIL-MAYO DE 1945

Las tres compañías de fusiles del batallón disponían de 315 hombres, a los que había que sumar una sección de la compañía de armas de acompañamiento, que tenía un mortero, aunque sin munición. El 21 de abril, con uno de los últimos trenes que salieron hacia la capital del Reich, marchó hacia Berlín la unidad de abastecimiento del batallón, que se reuniría con sus compañeros en el centro de Berlín.

Unos 180 hombres del batallón de fusileros que habían partido el día 19 con el *Kampfgruppe Janums*, siguieron su suerte, rindiéndose a los aliados occidentales el 27 de abril en las proximidades del Elba.

El 21 de abril las unidades del 15º Batallón de Fusileros se desplegaron para el combate junto al canal Erkner en una situación incómoda. Los letones sabían que el coronel Janums había iniciado su movimiento para entregarse a los aliados, rodeando Berlín y avanzando hacia el oeste, y ellos querían unirse a sus camaradas.

La noche del 22 de abril, el Ejército Rojo comenzó la preparación artillera para un durísimo ataque que hiciera caer definitivamente la

OFENSIVA FINAL SOVIÉTICA SOBRE BERLÍN.   23-ABRIL / 2-MAYO 1945

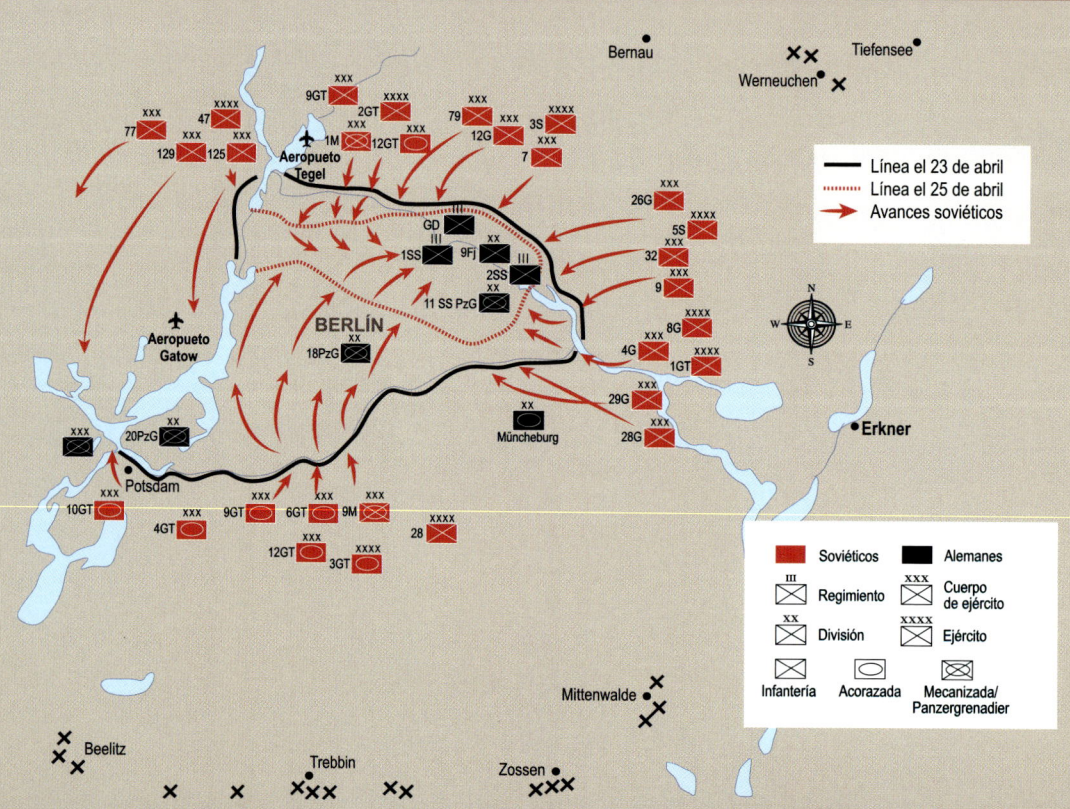

Arriba. Las ruinas del Reichstag, poco después de finalizada la Segunda Guerra Mundial en Europa. Soldados del 15º Batallón de Fusileros letón combatieron en sus alrededores.

Abajo. Soldados soviéticos en la Belle-Alliance Platz, los últimos días de abril de 1945.

capital alemana, y las compañías letonas del 15º Batallón abandonaron sus posiciones junto al Erkner, buscando rutas de retirada para unirse a las tropas de Janums, aunque no lo consiguieron. La 2ª Compañía, junto con una sección de la 3ª, pudieron llegar al centro de Berlín con el transporte de una unidad alemana en retirada. Al mando de este grupo estaban los oficiales letones Eduards Stauers y Voldemars Laivins.

El resto de las unidades letonas se retiraron menos organizadas y se dividieron en pequeños grupos, tomando durante la noche direcciones diferentes, siendo la principal hacia Potsdam. Estos grupos libraron combates defensivos en una amplia zona, desde el Reichstag –cerca del Spree– hasta el aeropuerto de Tempelhof –en el sector sur–.

La 2ª Compañía letona llegó a la estación de Tiergarten, avisando a los alemanes de que estaban allí. Se les ordenó desplazarse a un punto en la *Jaegerstrasse*, en el centro de Berlín, una pequeña calle entre *Wilhelmstrasse* y *Friedrichstrasse*, cerca de la Cancillería del Reich.

Al llegar a dicho lugar se reencontraron con el comandante del batallón, el *Hauptsturmführer* Eldon Walli. También en ese punto se concentraron los oficiales de abastecimiento. Sin embargo, lo que quedaba del batallón no pudo reunirse al completo, ya que muchos soldados se perdieron durante la confusa retirada, combatiendo integrados en otras unidades.

El día 25 de abril se cerraba el cerco alrededor de la capital germana y el día 26, la 2ª y la 3ª compañías combatieron con dureza en la *Belle-Alliance Platz* (desde 1946 denominada *Mehringplatz*), cerca del canal *Landwehr*. Al finalizar estos durísimos combates, los soldados letones fueron dispersados e integrados en otras unidades.

El 1 de mayo de 1945, cuando el general alemán Hans Krebs fue a negociar la rendición de la plaza de Berlín con el general soviético Georgy Zhukov, al parecer fue acompañado por el *Obersturmführer* letón Attis Neilands, quien regresaría después de la entrevista al mando de su unidad, compuesta por poco más de 80 hombres, que eran los que quedaban del 15° Batallón de Fusileros letón.

Los letones del 15° Batallón de Fusileros participaron en la defensa de la Cancillería del Reich y el Ministerio del Aire, muriendo, la mayoría de ellos, en combate.

En las ruinas del complejo del Ministerio del Aire, las tropas letonas de las SS resistieron por última vez y lucharon cuerpo a cuerpo contra los soviéticos en los últimos compases del conflicto. Los pocos supervivientes letones del 15° Batallón de Fusileros, al mando del *Obersturmführer* Neilands, serían capturados por el Ejército Rojo en la capital germana y pasarían largos años de cautiverio en la URSS.

Hay que decir que en aquellas ruinas de la otrora imponente capital del III Reich, luchando, codo con codo, con los legionarios letones, también había irreductibles soldados españoles, la mayoría antiguos combatientes de la División y la Legión Azul.

El general alemán Hans Krebs fue el encargado de reunirse con los soviéticos para rendir la plaza de Berlín, el 1 de mayo de 1945.

HAUPTSTURMFÜHRER ELDON WALLI

Eldon Walli nació el 28 de enero de 1913 en Nueva York (EE.UU.) aunque su familia regresó a Austria cuando era niño. Se integró en las Juventudes Hitlerianas en 1927 y recibió formación profesional en comercio y agricultura, trabajando como administrativo en una propiedad en la Baja Austria. En 1931, con 18 años, fue admitido en las SA y en el partido NSDAP. Posteriormente se uniría a las SS, siendo uno de los primeros en la Baja Austria. Desde 1937 trabajó en la radio, siendo reportero de la *Reichs-Rundfunk-Gesellschaft,* y dirigiendo un programa de noticias en horario de máxima audiencia en *Zeitfunk.* Al comienzo de la campaña del Este, en julio de 1941, Walli sirvió como *SS-Untersturmführer* (alférez) en el II Batallón del Regimiento SS «Germania» (*SS-Panzer-Grenadier-Regiment 9*), que formaba parte de la 5ª División SS «*Wiking*». En junio de 1942 era *SS-Obersturmführer* (primer teniente) en la sección de corresponsales de guerra de la 4ª División de Policía de las SS, que en aquel momento se encontraba en la zona pantanosa a las afueras de Leningrado. El 25 de marzo de 1945, el *SS-Hauptsturmführer* (capitán) Walli fue nombrado jefe del reformado Batallón de Fusileros SS de la 15ª División (1ª letona), combatiendo en la Batalla de Berlín hasta la caída de la capital alemana en manos de los soviéticos. Tras la guerra Walli marchó a Austria con su familia, trabajando otra vez en la radio, de la que sería despedido en 1949 por su pasado nazi. En los años 70 del siglo XX regentó una tienda de discos en Viena.

El 15° Batallón de Fusileros en Berlín (1945)

La organización del 15º Batallón de Fusileros SS, perteneciente a la 15ª División de Granaderos, el 19 de abril de 1945, era la siguiente:

• 1ª Compañía (130 hombres) al mando del teniente alemán Donath. Los jefes de sección eran los cadetes letones Melderis y Sils.

• 2ª Compañía (105 hombres) al mando del teniente alemán Schmidt, siendo los jefes de sección los tenientes Stauers y Titmanis y el suboficial Laivins, los tres letones.

• 3ª Compañía (80 hombres) al mando del 1º teniente letón Rutkis; las secciones las mandaban el suboficial Kamps y el 1º teniente Neilands, ambos también letones.

• 4ª Compañía de armas pesadas (en realidad era sólo una sección), al mando del teniente alemán Kilp, con el teniente Liepnieks y cadete Krumins, ambos letones.

Ejercía el cargo de ayudante de la plana mayor del batallón el cadete letón Antoms.

El «Kampfgruppe Janums» y su rendición a los americanos

El «Kampfgruppe Janums» se desplazó a la zona de Herzfeld –a 15 km al este de la capital–, para participar en la defensa de Berlín. Estaba formado por el I Batallón del 33º Regimiento de Granaderos SS, el I Batallón del 32º Regimiento de Granaderos SS, y el 15º Batallón de Fusileros de la División. La columna avanzó toda la noche y al amanecer del 20 de abril atravesó el suburbio berlinés de Bernau y después

de algunas horas se encontraba a unos 25 kilómetros al este de Berlín, detrás de Stienitzsee. Sin embargo, el cuartel general del XI Cuerpo de Ejército Panzer, al que estaba subordinado el «Kampfgruppe Janums», ya se había trasladado al sureste de Berlín. El coronel Janums llegó al cuartel general del Cuerpo de Ejército cuando éste se retiraba tras un ataque de carros de combate soviéticos. El 15º Batallón se retrasó por razones de transporte y no pudo seguir los pasos del resto del grupo, permaneciendo en Berlín hasta su rendición. El coronel Janums, fiel a su plan, decidió iniciar una ruptura hacia el oeste y en la noche del 22 al 23 de abril, haciendo una marcha de 70 kilómetros, el Kampfgruppe bordeó el sur de Berlín. La mañana del 23 de abril se produjo un breve combate

con elementos de las unidades de asalto del mariscal Konev que avanzaban hacia Brandeburgo. A las 01.00 h. del 27 de abril, el Standartenführer Vilis Janums llegaba con sus 824 hombres a Güterglück, la cabeza de puente estadounidense en el Elba. La última directiva de Janums a sus hombres, tras dos años ininterrumpidos de combates fue: «Soldados, en estas condiciones ya no veo cómo continuando la lucha podremos cambiar el destino de Letonia. No quería que fuerais capturados por el Ejército Rojo, así que no permití que nuestro Grupo de Combate participara en las batallas en la zona de Berlín. Ahora hemos llegado al frente occidental. Mi intención es cruzarlo esta noche y rendirme al ejército americano. Si alguno de vosotros no quiere seguir, que se salga de la fila y siga su camino. Como jefe os dirigiré por última vez esta noche y no sé si podre despedirme de vosotros. Durante todas las batallas reinó entre nosotros la armonía y la confianza mutua. Por eso os expreso mi más sincero agradecimiento. ¡Ahora, realicemos esta última marcha en filas cerradas, como deben hacerlo simpre los buenos soldados!». Para estos buenos soldados, la guerra había terminado.

OTRAS UNIDADES DE LA 15ª DIVISIÓN SS

El 15º Regimiento de Artillería SS

La formación del 15º Regimiento de Artillería comenzó en abril de 1943, con la movilización del general de artillería letón Voldemars Skaistlauks (al que se rebajaría al rango de coronel). A finales de abril el regimiento se trasladó de Riga a Jelgava, donde comenzó la reunión de nuevos reclutas. El regimiento debía formarse con un cuartel general, una batería de cuartel general, tres grupos ligeros y uno pesado y unidades de apoyo. Cada uno de los grupos dispondría de tres baterías de piezas y una batería de cuartel general y una sección de municiones.

El *Standartenführer* Voldemars Skaistlauks, jefe del 15º Regimiento de Artillería, junto a dos de sus oficiales que acaban de ser condecorados con una Cruz de Hierro de 2ª clase. Este regimiento quedó, al completo, a disposición de la 19ª División en julio de 1944.

Desde la creación del regimiento hubo un déficit de caballos, lo que dificultó el entrenamiento de los oficiales en su utilización y además, parte de los reclutas fueron dirigidos a la formación de la unidad de artillería de la 2ª Brigada SS letona. El 7 de junio de 1943 se recibió la orden de formar solamente dos grupos ligeros, ampliada el 31 de julio, para constituir un tercer grupo ligero.

En diciembre de 1943, el regimiento se encontraba todavía en las proximidades de Jelgava y faltaban la mitad de los cañones del grupo pesado. Además, los cañones recibidos –ligeros y pesados– no se conocían pues el entrenamiento los meses previos se había llevado a cabo con otros cañones diferentes, y además no se les habían entregado los manuales. Hay que constatar que en aquellas fechas faltaban unos 300 soldados, 50 caballos, herramientas y herraduras, y los equipos de transmisiones no se habían utilizado todavía. Por estas razones, sólo el I Grupo pudo ir al frente el 2 de diciembre, los demás tuvieron que quedarse en la zona de entrenamiento.

El I Grupo fue enviado al Frente Oriental y agregado al Regimiento de Artillería de la 205ª División de Infantería bajo el mando del coronel Schulz. El resto de las unidades del regimiento no llegaron al frente hasta enero de 1944 , asentándose en posiciones a orillas del río Velikaja, cubriendo la retirada de las demás unidades con fuego de artillería a finales de mes.

En julio de 1944, las unidades de infantería de la división fueron enviadas a Alemania para su reforma, pero el 15º Regimiento de Artillería quedó en el territorio de Letonia, agregado a la 19ª División, participando con esta gran unidad en todos los combates hasta el final de la guerra.

Cuando la 15ª División se reconstituyó en Alemania en el otoño de 1944, se volvió a organizar el regimiento de artillería de la división, con el teniente coronel Karlis Robergs al mando. Al igual que en sus inicios, el regimiento se recreó con cuatro grupos, uno pesado y tres ligeros.

El 1 de enero de 1945 la unidad estaba organizada con todos sus mandos pero la falta de caballos, carruajes, cañones y munición hizo que, únicamente fuese posible disponer de un grupo operativo, constituido por las baterías 1ª, 6ª, 8ª y 12ª, al mando del capitán Mateas.

En los combates defensivos de enero de 1945, el grupo perdió más de 200 hombres, incluido su jefe, disponiendo de muy poca munición y actuando, a veces, como tropa de infantería.

A comienzos de febrero el Regimiento recibió nuevos cañones y municiones, aunque continuó retirándose hacia el oeste dando cobertura a las unidades de infantería de la división. A finales de mes, los alemanes retiraron las piezas entregadas a los letones, disolviéndose definitivamente dos grupos ligeros y el pesado. La noche del 6 de marzo llegó la orden de la división de destruir toda la artillería y los carruajes. Como infantería, los hombres del regimiento continuaron su retirada.

Pieza de artillería de campaña de 10,5 cm perteneciente al I Grupo del 15º Regimiento de Artillería, en posición cerca de Novosokolovniki, en enero de 1944.

En marzo y abril los hombres del 15º Regimiento de Artillería participaron en la construcción de fortificaciones antitanque a lo largo del Oder y el 2 de mayo de 1945, unos 700 artilleros letones se rindieron a los aliados occidentales. El comandante del regimiento, Karlis Robergs, desapareció sin dejar rastro.

Soldados letones manejando un cañón antitanque Rheinmetal de 7,5 cm PaK 40 en el frente. Estos cañones constituían la espina dorsal de la defensa antitanque de las fuerzas armadas alemanas desde 1943.

El 15° Batallón Antitanque SS

Pese a que la orden para la formación de unidades antitanque de la 15ª División se emitió el 9 de junio de 1943, el *Hauptsturmführer* Leonhards Trezins había iniciado su creación en abril de 1943. Inicialmente, el batallón se formó con dos compañías antitanque, de 12 cañones de 75 mm cada una, y una compañía de cañones antiaéreos de 20 mm. Además se organizaron otras tres compañías antitanque, que se integraron en los regimientos de infantería de la 15ª División (32°, 33° y 34°). En julio se formaría la tercera compañía del batallón.

La formación e instrucción del batallón continuó en el otoño de 1943, disolviénsose a finales de noviembre la 3ª Compañía, integrando su material en las otras dos. A principios de diciembre de 1943 llegó la orden de disolver el batallón y enviar al frente las dos compañías antitanques como unidades independientes.

El 30 de diciembre las compañías recibieron la orden de trasladarse al sector de la 201ª División de Infantería alemana, donde los artilleros letones fueron asignados a las unidades antitanques alemanas para su entrenamiento. En los últimos días de enero ambas compañías fueron enviadas a Staraya Russa, donde quedaron cerca del cuartel general de la 15ª División como unidades de reserva.

Las compañías antitanque de la 15ª División participaron en la batalla del río Velikaja el 16 de marzo de 1944, repeliendo el ataque de los tanques enemigos en las tierras altas, y por su heroísmo en esta batalla el *Hauptsturmführer* Trezins recibió la Cruz de Hierro de 1ª clase y fue ascendido a *Sturmbanführer*

EL BATALLÓN ESPECIAL LETÓN «MEIER» (Z.B.V)

Por orden del general de las SS Friedrich Jekeln, del 20 de septiembre de 1944, el capitán Meier del 2º Batallón z.b.V comenzó a formar otro batallón de las mismas características en Riga. Todos los soldados incluidos en este «Batallón de castigo» debían llevar un triángulo rojo en la ropa como insignia de una unidad de castigo. El batallón estaba formado por 13 oficiales y 639 soldados y suboficiales, su dirección y estructura era la siguiente:

• Jefe del batallón: capitán Meier, ayudante primer teniente Berzins

   1ª compañía: teniente Vitols
   2ª compañía: teniente Supulnieks
   3ª compañía: teniente Viksne
   4ª compañía: primer teniente Plieniss

Debido al estado del frente, el 27 de septiembre llegó la orden de abandonar Riga, contando sólo con 70 fusiles sin munición. El batallón emprendió la marcha a Dundaga, difundiéndose el rumor de que sus hombres serían arrestados, desarmados y enviados a Alemania para realizar trabajos forzados. En el camino desaparecerían 77 hombres. El 8 de octubre fue enviado a Ventspils, donde embarcó con destino a Danzig con casi 300 hombres menos por deserción. Dos días después, el buque *Tanger*, en el que también había embarcado el 2º Regimiento de Policía Voluntaria de Letonia, salía de la ciudad portuaria letona, amarrando en el puerto de Danzig dos días más tarde. El día 15 de octubre el batallón llegaba a Thorn, donde se le asignó la construcción de fortificaciones, estando en estos trabajos casi tres meses, en condiciones de vida difíciles y con suministros insuficientes El 6 de enero de 1945 el batallón recibió 47 hombres de Liepaja, y el 12 de ese mismo mes se replegó hacia Alemania, recibiendo 200 fusiles y 6 cañones antitanque. El 31 de enero el batallón llegó a Hammerstein y el 4 de febrero fue incluido en el II Batallón del 34º Regimiento de Granaderos SS de la 15ª División.

El 8 de agosto de 1944, se recibió la orden de organizar un batallón antitanque en Alemania, llegando a Danzig el 13 de agosto. Los oficiales e instructores fueron enviados a cursos en las afueras de Praga.

Hombres de la 1ª Sección de la 1ª Compañía del 15º Batallón antitanque, en la ciudad de Liepaja en noviembre de 1943.

El batallón, armado únicamente con 11 cañones antitaque, seis antiaéreos de 37 mm y tres *Vierling* de 20 mm fue enviado al frente en Pomerania el 22 de enero de 1945, aunque a los pocos días tuvo que entregar los últimos cañones antitanques a la 33ª División SS francesa «*Charlemagne*». A mediados de marzo de 1945 se recibió la orden de pasar por Swineminde hasta la zona de Neubrandenburg, donde se trabajó en fortificaciones antitanque junto a los regimientos letones de construcción.

En abril, el *Sturmbanführer* Trezins fue destituido como jefe del batallón, asumiendo el cargo un oficial alemán. A finales de abril, el comandante alemán abandonó la división y sus hombres se unieron al grupo del *Sturmbanführer* Kilis, que se rindió a los aliados el 2 de mayo en Schwerin.

De izquierda a derecha: *Oberführer* Arthurs Silgailis, jefe de estado mayor de la Legión Letona, *Gruppenführer* Rudolfs Bangerskis, Inspector de la Legión Letona y *Obergruppenführer* Walter Krueger, jefe del VI Cuerpo de Ejército letón.

OBERFÜHRER ARTURS SILGAILIS

Arturs Silgailis nació el 13 de noviembre de 1895 en la parroquia de Mezmuiza (condado de Jelgava). Tras finalizar sus estudios en Riga, trabajó como contable durante dos años. Participó en la Primera Guerra Mundial con el ejército ruso y después combatió en la guerra civil finlandesa contra los bolcheviques. En 1918 regresó a Letonia y se unió al *Baltischen Landeswehr,* luchando en la Guerra de Independencia de Letonia, y también en el Ejército Blanco del general Yudenich, en la Guerra Civil rusa. Cuando finalizó la guerra en Letonia, Silgailis era capitán. En los años de postguerra continuó su servicio en el ejército letón, realizando el curso de estado mayor cuando ascendió a comandante. En 1933 ascendió a teniente coronel, obteniendo el mando de un batallón en el 6º Regimiento de Infantería de Riga. En 1936 fue nombrado profesor en la Academia Militar de Letonia. En octubre de 1939 Silgailis fue nombrado jefe de estado mayor de la 4ª División de Infantería «*Zemgale*», ascendiendo a coronel en noviembre de ese mismo año. Tras la ocupación soviética de junio de 1940 Silgailis fue retirado del servicio y emigró a Alemania, donde fundó la «Unión de Soldados Nacionales Letones». Como alemán báltico fue movilizado por la *Wehrmacht* como «Oficial de tareas especiales» tras la operación «Barbarroja», y enviado a Letonia, participando en combates en el frente de Leningrado. En 1942 fue desmovilizado y entró en el autogobierno letón como director del Departamento de Asuntos de Personal en la Dirección General de Interior. Cuando se constituyó la Legión Letona, en febrero de 1943, fue nombrado jefe de estado mayor y jefe de la infantería de la 15ª División, con el empleo de *Standartenführer*. Ascendería al empleo de *Oberführer* el 11 de noviembre de ese mismo año. En el verano de 1944 sería nombrado jefe de estado mayor de la Inspección General de la «Legión Letona». Participó en la desarticulación del grupo del general Kurelis. El 20 de febrero de 1945, en el Consejo Naciónal Letón celebrado en Postdam, fue elegido vicepresidente del Comité Nacional y jefe de la Comisión Militar. Tras la capitulación alemana estuvo internado en campos de prisioneros de guerra en Alemania y Bélgica, siendo liberado en 1946 y asentándose en Alemania con su familia. En 1953 se exilió en Canadá, trabajando como gerente de una empresa en Halifax (Nueva Escocia) Fue uno de los fundadores de la asociación «Daugavas Vanagi» (Halcones del Daugava) y su presidente hasta su jubilación. En 1962 publicó un libro imprescindible sobre la Legión Letona. Arturs Silgailis murió en Oshawa el 15 de agosto de 1997 a la edad de 101 años.

15º Batallón de Zapadores SS

Comenzó su formación el 13 de agosto de 1943 en Jelgava, organizando el batallón en tres compañías. El 14 de octubre, el batallón se trasladó a Ventspils, al mando del *Hauptsturmführer* Klavins.

El 7 de diciembre de 1943, el 15º Batallón de Zapadores fue enviado al Frente Oriental, y el 26 de ese mismo mes, fue transferido a la 183ª División de Infantería alemana. El 31 de enero de 1944 volvería a la 15ª División. En julio de 1944 se decidió transferir lo que quedaba del batallón a la 19ª División SS. Como parte de ésta, el 15º Batallón de Zapadores participó en las batallas en territorio letón y se retiró a Curlandia en el otoño de 1944.

A finales de noviembre de 1944 el batallón abandonó Curlandia en barco, llegando a Danzig el 29 de noviembre donde se reconstituyó con 475 hombres del 1º Regimiento de Construcción.

El batallón participó en todas las batallas defensivas en Pomerania, en las que tomó parte la 15ª División, pasando a las órdenes del comandante del 33º Regimiento de Granaderos SS, *Standartenführer* Vilis Janums a primeros de marzo de 1945.

Junto a dicho regimiento, cubrió la salida de toda la división hacia el Mar Báltico. El 12 de marzo de 1945, combatiendo sus compañías como unidades de infantería, el *Hauptsturmführer* Jansons, jefe del batallón moriría en combate.

El 15º Batallón de Zapadores se rindió a las fuerzas estadounidenses cerca de Seelsdorf, el 3 de mayo de 1945.

Un soldado letón de la 15ª División de Granaderos SS, como denota el emblema de cuello. Lleva puesto el anorak camuflado característico de las unidades Waffen SS en 1943-1945.

La 15ª Brigada de Entrenamiento y Reemplazo SS

La «SS-Grenadier Ausbildung und Ersatz Brigade 15» se formó el 21 de diciembre de 1943 a partir del 15º Batallón de Entrenamiento y Reemplazo, las compañías de recuperación de salud y el grupo de entrenamiento de artillería, con el objetivo de utilizarla como unidad de reserva, tanto para la 15ª División como para las necesidades de la 19ª. El cuartel general de la brigada se estableció en Jelgava, aunque las unidades estaban dispersas por toda la región de Semigalia. Se organizó un mando de brigada, un batallón de entrenamiento, dos compañías de recuperación de la salud, dos compañías principales y dos «Rutas» (una para cada división letona), además de una batería de cañones de infantería, una compañía de armas antitanque y un regimiento de entrenamiento y reemplazo (dotado de tres batallones). En abril de 1944, la brigada pasó a llamarse *SS-Grenadier Ausbildungs und Ersatz Einheiten 15*, siendo nombrado jefe de la misma el *Standartenführer* alemán von Obwurzer. Cuando éste pasó a mandar la 15ª División, la jefatura de la brigada se le otorgó al *Standartenführer* von Bredow. El 1 de julio de 1944 la brigada contaba con 3870 hombres. Durante la mayor parte de su existencia, la brigada cumplió la función de rehabilitar a los soldados heridos y reponer las unidades de combate: la primera ruta llevó hombres en servicio al frente a la 15ª División, y la segunda, a la 19ª División, pero la cercanía del frente y la falta de unidades de combate en Jelgava, obligó a realizar misiones de combate a esta brigada de reserva. El 18 de julio de 1944, el jefe del 2º Batallón, el capitán Kunkulis, con tres compañías de infantería, una sección de ametralladoras, dos morteros de 8 cm y una sección de cañones antitanques, avanzó hacia la frontera con Lituania, tomando posiciones, para impedir el avance hacia Letonia de los paracaidistas soviéticos y los partisanos rojos lituanos. El 26 de julio, el comandante de la brigada, *Standartenführer* von Bredow, recibió la orden de formar un *Kampfgruppe* y dirigirse a Joniskai, en Lituania. El «*Kampfgruppe Bredow*» incluía alrededor de 500 hombres curtidos en el combate. En Joniskai ya se encontraba otro *Kampfgruppe* al mando del general Jekeln, al que se unió el de von Bredow, iniciando el avance hacia la población lituana de Siauliai. La mañana del 27 de julio, combatieron con fuerzas enemigas: la 279ª División de Fusileros del 51º Ejército Soviético con el apoyo de los tanques del 9º Cuerpo Mecanizado. En esta batalla, el «*Kampfgruppe Jekeln*» perdió el 80% de los oficiales y aproximadamente el 65% del personal restante y varias piezas de artillería. Después de este desastroso encuentro, el *Kampfgruppe* se retiró a Joniskai, a donde llegaron los soviéticos al día siguiente, sorprendiendo a los alemanes, la mayoría de los cuales murieron o fueron capturados. El *Standartenführer* von Bredow logró salir de Joniskai, se dirigió a Jelgava y reunió las unidades con mayor capacidad de combate, al mando del *Sturmbannführer* Jurko. Inicialmente la defensa de la ciudad estaba casi exclusivamente en manos de unidades letonas, aunque la llegada de apoyo alemán hizo que Jurko entregara el mando al general alemán Debesi. En feroces batallas callejeras, hasta la noche del 31 de julio, las fuerzas rusas lograron hacer retroceder a los defensores a la orilla derecha del río Lielupe, ocupando el castillo de Jelgava; pero como cada vez más unidades alemanas se movilizaban para defender la ciudad, el enemigo fue detenido en su avance hacia Riga. En un contraataque los días 3 y 4 de agosto, las unidades alemanas lograron recuperar Jelgava, obligando a los soviéticos a traer fuerzas adicionales para intentar otra vez su captura, quedando la margen derecha del río Lielupe en manos de los defensores. Los restos de la brigada fueron retirados de Jelgava y junto a las unidades de la 15ª División, fueron enviados a Alemania, donde a partir de ellos se formó nuevamente el 15º Batallón de Entrenamiento y Reemplazo, como una unidad de la 15ª División.

Otras unidades divisionarias

La 15ª División SS letona tuvo en su seno otras unidades específicas, como el *Waffen-Nachrichten-Abteilung der SS 15*, batallón de transmisiones formado en agosto de 1943 por el capitán Ziebergs; pese a que el material específico de transmisiones no se recibió hasta noviembre de ese mismo año y que carecía de medios de transporte, el batallón sería enviado al frente en diciembre de 1943, con el resto de la división. En agosto de 1944 sería transferido a Alemania para su reforma, partiendo a Pomerania en enero de 1945 y participando en las batallas defensivas de la división.

El *Waffen-Flak-Abteilung der SS 15*, batallón antiaéreo de la 15ª División, se empezó a organizar en marzo de 1943, aunque no fue hasta septiembre cuando se dio orden de constituir dicha unidad. En enero, la primera batería fue enviada al frente de Novgorod y participó en intensos combates; el resto del batallón entró en línea en febrero. En junio de 1944 se decidió que la unidad pasara a depender del mando del VI Cuerpo de Ejército letón, y en agosto se unió al batallón de la 19ª División para formar el 506 Batallón Antiaéreo, del cual ya hemos hablado anteriormente.

Cartel de época con el lema *Uzbara darbs uzbuve:* «Trabaja por la victoria», y representando a un soldado, a un trabajador del campo y a otro de la industria.

También existió el denominado *SS-Feldersatz-Bataillon 15*, batallón de reemplazo de campaña creado en noviembre de 1943 con el personal del disuelto III Batallón del 32º Regimiento de la 15ª División. El batallón de reemplazo se integraría junto a otras unidades letonas de la 15ª División, en el *SS-Freiwilligen und Ausbildungs Regiment 3*, formado en Paplak antes de finalizar el año 1943, al mando del *Standartenführer* Augustus Apsitis-Apse. Esta unidad sufrió enormes pérdidas en las batallas defensivas de Semigalia, y fue disuelta en agosto de 1944.

El batallón se formaría nuevamente en Alemania, con el resto de unidades de la 15ª División, en el otoño de 1944. En marzo de 1945, sus hombres se repartieron entre varias unidades alemanas.

UNIFORMIDAD DE LA 15ª DIVISIÓN

derecho las runas de las SS, portando únicamente un parche de tela negra. Más tarde si se les permitiría llevar las famosas runas, que serían sustituidas por un parche específico de la división. En el caso que estamos tratando, de la 15ª División, sería un sol llameante dentro del cual se hallaban las tres estrellas de cinco puntas representativas de las tres regiones históricas de Letonia: Curlandia, Semigalia y Livonia. En el parche de cuello izquierdo, como el resto de soldados de la Waffen SS, portaban los símbolos que denotaban su graduación. El resto del uniforme, hombreras, águila de la *Waffen SS* y demás distintivos y condecoraciones, era idéntico al resto de miembros de esta rama del ejército alemán.

La 15ª División de Granaderos de la *Waffen SS*, la primera división letona que se formó, vistió varios modelos del característico uniforme de las unidades combatientes de las SS. Desde el principio llevaron un emblema de unidad con los colores letones, cosido en una de las mangas del uniforme, bien en la izquierda, debajo del águila de la Waffen SS, (incluso en el antebrazo), bien en la derecha. Al principio no se les permitió llevar en el parche de cuello

173

STANDARTENFÜHRER VILIS JANUMS

Vilis Janums nació en Il-zinkroga, en la parroquia de Codes (Distrito de Bauska), el 7 de enero de 1894. Su padre era albañil y artesano. El 4 de octubre de 1914 fue movilizado en el ejército ruso, en la 2ª Brigada de Artillería a Caballo. Tras cursar los pertinentes estudios, el 1 de enero de 1916 fue ascendido a alférez y destinado al 198º Regimiento de Infantería de Reserva. El 2 de febrero de 1917 se unió al 4º Regimiento de Fusileros Letones de Vidzeme, donde fue nombrado oficial subalterno del equipo de ametralladoras. En febrero de 1918 fue retirado del servicio, permaneciendo en Vidzeme. A principios de 1919 fue movilizado en el ejército letón-bolchevique en Riga, pasando destinado al 4º Regimiento de Fusileros hasta el 6 de junio, fecha en la que desertó y se unió a las Fuerzas Armadas de Letonia, en las que sirvió como teniente en la Guerra de Independencia. Finalizada ésta, Janums permaneció al servicio de las Fuerzas Armadas letonas, ascendiendo a capitán el 15 de enero de 1921. El 19 de julio de 1930 se graduó en la Academia Militar Checoslovaca y el 5 de agosto de ese mismo año fue destinado al Cuartel General del Ejército. El 18 de noviembre de 1930 ascendió a teniente coronel, realizando el curso de estado mayor y ejerciendo varios años como profesor de la Escuela Superior. Tras su ascenso a coronel, el 14 de noviembre de 1939 fue nombrado jefe del estado mayor de la 1ª División de Infantería «Kurzeme».

Se retiró del servicio tras la ocupación de Letonia por la URSS y en marzo de 1941 partió hacia Alemania, donde formó parte de la «Unión Nacional de Soldados Letones» (LKNS). En julio de 1941 regresó a Letonia, donde fue oficial de asuntos de personal en la Dirección General del Interior hasta 1943. En junio de ese año fue nombrado jefe del 33º Regimiento de la 15ª División SS, con el rango de *Standartenführer*. El 1 de marzo de 1945 le fue concedida la Cruz Alemana en Oro. En abril, Janums recibió la orden de formar un grupo de combate con unidades de la división y marchar a Berlín. Se formó el «*Kampfgruppe Janums*», pero en lugar de defender Berlín, donde probablemente hubieran perecido la mayoría, Janums condujo a su grupo hacia el oeste, rindiéndose a los norteamericanos. Fue enviado al campo de prisioneros de guerra de Zeedelgem (Bélgica), y en 1946 se convirtió en fundador y primer jefe de «Daugavas Vanagi». Fue miembro del Consejo Nacional de Letonia entre 1948 y 1951, vicepresidente de la Asociación Mundial de Letones Libres, vicepresidente del Comité de Restauración de Letonia y presidente del Comité Central de Letonia en Alemania (1970). En 1974 creó la Fundación «*Pulkveza Vilas Janumas*» para promover la educación y la actividad de los jóvenes. Murió en Münster en 1981. El 9 de octubre de 2007 sus restos fueron trasladados y enterrados nuevamente en el cementerio de los Hermanos de Riga.

Letones en la Luftwaffe

Arriba. Aparato Arado Ar 66, volado por los letones.

Abajo. El general Bangerskis entrega la bandera al jefe de la 1ª Escuadrilla letona, *Hauptmann* A. Salmin, el 1 de marzo de 1944.

En el otoño de 1943 los alemanes ordenaron la creación de una unidad letona de bombardeo nocturno integrada en la *Luftwaffe*. Para entrenar a los futuros pilotos letones que formarían parte de esa unidad, se organizó la escuela de vuelo Liepaja / Grobina (*Flugzeugführerschule A/B Libau/Grobin*) en un aeródromo militar cercano a la ciudad letona de Liepaja, construido por los soviéticos entre 1939 y 1940.

El 23 de septiembre de 1943 comenzó la vida operativa de dicha escuela, aunque los primeros vuelos de entrenamiento no tendrían lugar hasta el 4 de octubre de ese mismo año. Sería la primera unidad nacional letona que formaba parte de la Fuerza Aérea alemana.

El 1 de enero de 1944 la escuela cambiaría su denominación, pasando a ser el Grupo de Combate Nocturno Suplementario «Ostland» (*Ergaenzungs Nachtschlachtgruppe Ostland*).

Los 25 primeros pilotos que se formaron en la escuela habían sido aviadores de la extinta aviación letona de antes de la guerra, tanto de la militar como de la milicia «Aizsargi».

EL AERODROMO DE LIEPAJA-GROBINA

El aeródromo de guerra de Liepaja se construyó según los términos del acuerdo de bases, tras la invasión soviética de 1940. El 22 de junio de 1941, la *Luftwaffe* alemana bombardeó el aeródromo de Liepaja y destruyó gran parte de los 69 aviones de combate del 148º Regimiento de Aviación de Caza soviético. En el otoño de 1943 se fundó en la cercana ciudad de Grobina la escuela de vuelo Liepaja-Grobina (Flugzeugführerschule A/B Libau/Grobin), donde desde octubre de 1943 hasta febrero de 1944 se formaron 25 antiguos pilotos del regimiento de aviación de Letonia y de la milicia «Aizsargi». El avión utilizado era un antiguo pero efectivo modelo de la *Luftwaffe*, el entrenador Bückers Bü 131. La unidad letona formada se denominó 12º Grupo de Combate Nocturno de Letonia (*Nachtschlachtgruppe 12 (Lettisch), NSGr.12*), volando aviones Arado Ar 66. Seis de los pilotos letones recién formados se convirtieron en instructores de la escuela de Grobina y hasta septiembre de 1944 formaron otros 140 pilotos letones. Desde mayo de 1944, el cuartel general del NSGr.12 estuvo basado en el aeródromo de Liepaja-Grobina, que en agosto-septiembre se transformó en la parte de entrenamiento de la Legión Aérea «Letonia» (*Luftwaffen-Legion Lettland*).

El personal especialista de tierra también recibiría su capacitación en diferentes cometidos, tanto de mantenimiento de las aeronaves, como de los servicios de aeródromo e, incluso, como artilleros antiaéreos.

Arriba. Emblema de la Aviación letona de entreguerras.

Abajo. Soldado letón asignado a la *Luftwaffe*. Lleva el emblema de nacionalidad en el brazo izquierdo.

A finales de febrero de 1944 estaría entrenada y lista la primera hornada de aviadores letones, con la que el 1 de marzo se constituyó la 1ª Escuadrilla del *Nachtschlachtgruppe 12 (Lettisch)*. Además de los oficiales y suboficiales pilotos, componían la unidad el personal de los equipos de tierra, el personal administrativo y los oficiales y suboficiales alemanes de enlace, estando la escuadrilla al mando del *Hauptmann* Rademacher. Para las misiones en el aire, la unidad dispuso de 18 biplanos Arado Ar 66.

La escuadrilla, denominada 1./NSGr.12 , realizó misiones de bombardeo nocturno, atacando concentraciones enemigas, infraestructuras y otros objetivos.

Aunque el Ar 66 era un avión biplaza, normalmente volaba un único piloto y llevaba dos o tres bombas incendiarias o antipersonal de 50 ó 70 kg. Por lo general, sus misiones se realizaban a una altitud de alrededor de 1000 m, profundizando hasta 50 km en la retaguardia de las líneas enemigas.

La 1./NSGr.12 se desplazó a Vecumi (Latgalia) y realizó sus primeras misiones de combate el 26 de marzo. Dos meses más tarde, el 26 de mayo, se trasladaron al aeródromo de Karsava, a unos 50 km al sur de Vecumi.

El 22 de junio se formaba la segunda escuadrilla (2./NSGr.12), que se unió a la primera en el aeródromo de Karsava el día 26. En julio, el NSGr.12 se trasladó a Gulbene y más tarde, a Kalnciems, cerca de Riga. Ese mismo mes de julio se llegaría a organizar una tercera escuadrilla (3./NSGr.12), aunque por falta de aviones, no realizó ninguna operación y su equipo y personal, finalmente, se repartieron entre las otras dos escuadrillas.

La Legión Aérea «Letonia»

Arriba. *Oberstleutnant* Janis Rucelis. Fue nombrado jefe de la Legión Aérea «Letonia».

Abajo. Los pilotos letones de la 1ª Escuadrilla de Bombardeo Nocturno, Klints, Mencis y Abrams, de regreso después de una misión. Klints y Mencis harían el curso de caza más tarde y volarían los míticos Focke-Wulf 190.

El 11 de agosto de 1944 se constituyó la denominada *Luftwaffen-Legion Letland*. Estaba formada por las dos escuadrillas operativas del NSGr.12, la escuela de vuelo de Liepaja-Grobina, rebautizada como *Ergaenzungs Fliegergruppe Lettland* («Grupo de Vuelo Suplementario de Letonia») y un grupo antiaéreo.

El 17 de agosto, el *Oberstleutnant* Janis Rucels asumió el mando de la Legión, y el *Oberstleutnant* Nikolajs Bulmanis, el mando del Grupo NSGr.12. En septiembre, la Legión fue trasladada a una base en Tukums, y a principios de octubre realizó sus últimas incursiones de combate en las cercanías de Dobele. Tras la caída de Riga, en octubre de 1944, la Legión Aérea fue evacuada a Hohensalza (en la actualidad Inowroclal, en Polonia).

Un hecho ocurrido los primeros días de octubre y que tuvo como protagonistas a los aviadores estonios, mermó la confianza de los alemanes en los aviadores bálticos: cinco pilotos del *Nachts-chlachtgruppe 11 (Estnisch)* desertaron con sus aviones a la neutral Suecia; el resultado fue que el mando de la *Luftwaffe* ordenó la disolución de las unidades aéreas de Estonia y de Letonia.

La *Luftwaffen-Legion «Lettland»* se disolvería el 17 de octubre de 1944 y su personal y material se repartiría entre varias unidades aéreas alemanas.

Durante su existencia operativa, la unidad realizó alrededor de 6000 misiones de combate, debiendo reseñar la pérdida de seis pilotos. Más del 80% de los pilotos letones recibieron la Cruz de Hierro, bien EK.II o EK.I.

Pilotos de caza letones

El 31 de mayo de 1944, los pilotos letones de aviones de reconocimiento y bombardeo ligeros tuvieron la oportunidad de presentarse para entrenar con uno de los aviones de caza más modernos de la *Luftwaffe*: el Focke Wulf Fw 190A-8.

Tras un severo proceso se seleccionaron 10 pilotos letones, que fueron sometidos a un curso de vuelo de la escuela de aviación de Grobina y después fueron enviados a varias escuelas de pilo-

Arriba. El 22 de junio de 1944 se constituyó la 2ª Escuadrilla letona de Bombardeo Nocturno. La fotografía inmortaliza el momento en que el jefe de la unidad pasa revista a sus hombres.

Página siguiente, abajo. El *Leutnant* Arnolds Mencis fue uno de los 10 pilotos de caza letones que combatieron en la *Luftwaffe* durante la Segunda Guerra Mundial. Mencis obtuvo dos victorias según el conocido historiador aeronáutico Hans Werner Neulen, y fue derribado antes de finalizar la guerra. Sobrevivió al derribo y fue entregado a los soviéticos por sus captores norteamericanos. Sobrevivió también al Gulag comunista y pudo ver a Letonia como país independiente.

PILOTOS DE CAZA LETONES EN LA LUFTWAFFE

Grado	Nombre completo	Derribos
Oblt	Eduards Millers	
Uffz.	Vitolds Berkis	
Lt.	Arnolds Julijs Mencis	(2)
Uffz.	Valdemars Livmanis	
Lt.	Janis Lecis	
Uffz.	Julijs Stars	
Uffz.	Haralds Makars	
Uffz.	Roberts Dumpis	(1)
Fw.	Harijs Klints	(1)
Flg.	Edgars Lazdins	

El primer grupo, formado por los cinco primeros pilotos de la lista, fue enviado a la *Jagdfliegervorschule* en Parow (cerca de Stralsund); más tarde los cinco aviadores fueron enviados a Plathe, Lignitz y Sagan para entrenarse en los Focke-Wulf Fw 190A.

El segundo grupo, formado por los cinco últimos pilotos de la lista, fue asignado principalmente a tareas de apoyo terrestre (*Jabo*).

tos de combate alemanas. Después de completar los cursos de formación, cinco de los pilotos letones se integraron en las escuadrillas del II./JG54, que participaron en las batallas sobre Curlandia y el Golfo de Riga.

Desde octubre de 1944 estos pilotos de caza letones se integraron en el JG1, y en su mayoría desempeñaron el papel de *Jagdbomber* (Jabo), utilizando bombas de hasta 500 kg. La base donde estuvieron los letones estaba ubicada en Twente (Holanda), en el aerodromo de esa localidad. Debido al poco entrenamiento, a los escasos recursos y a la superioridad aérea aliada, prácticamente todos los pilotos letones fueron derribados.

Por lo menos dos pilotos de caza letones sobrevivieron a la Segunda Guerra Mundial: el *Leutnant* Arnolds Mencis y el *Oberleutnant* Eduards Millers. El primero, con dos victorias en su haber, fue derribado en la Operación «Bodenplatte», herido y entregado a los soviéticos por los norteamericanos, siendo encarcelado en el Gulag y liberado en 1955. En 1997 fue condecorado con la Orden Letona de las Tres Estrellas.

El segundo se sabe que vivió en Venezuela en los años 60 del pasado siglo. Otro piloto letón, Roberts Dumpis, mientras volaba en una misión «Jabo», derribó un Yak-9 soviético sobre Berlín, poco antes de finalizar la contienda.

Menores letones en unidades de defensa antiaérea

En septiembre de 1943 la *Luftwaffe* organizó tres baterías de artillería antiaérea (numeradas como 4807, 4808 y 4809), servidas por unos 350 voluntarios letones, auxiliares de la *Luftwaffe*, e integradas en el 43 Regimiento Antiaéreo de Riga.

En esas mismas fechas el comisario general alemán para Letonia, Otto Heinrich Drexler, convocó a Oskars Dankers, director general del autogobierno letón, y le pidió alistar a jóvenes letones nacidos en 1927 y 1928 en el servicio auxiliar de la *Luftwaffe*. Dankers no aceptó el servicio militar obligatorio y comenzó más de medio año de tensión con las autoridades germanas, hasta que a finales de mayo de 1944, Dankers se comprometió a «invitar» a los jóvenes a presentarse voluntarios para ese servicio.

El 12 de julio de 1944, Dankers firmó una orden para alistar voluntariamente a los jóvenes nacidos en 1928 en el servicio auxiliar de la *Luftwaffe*. La Organización Juvenil de Letonia (LJO) se encargaría de las oficinas de encuadramiento.

Pero el 17 de julio, los soviéticos entraron en territorio letón y se anunció una movilización total; diez días más tarde el autogobierno ordenó el reclutamiento obligatorio durante un año de los jóvenes nacidos en 1927 y 1928, para prestar servicio como auxiliares de la *Luftwaffe*. La comisión de reclutamiento inició sus actividades el 31 de

Arriba. Varios jóvenes letones miran carteles antibolcheviques. En el centro, uno que les anima a apuntarse voluntarios al Sevicio Auxiliar de la *Luftwaffe*.

Abajo. Portada de la revista de la Organización Juvenil Letona. Se ve a varios jóvenes de esta nacionalidad manejando una pieza ligera de 20 mm Flak 38.

180

Arriba. Tres jóvenes auxiliares letones de la *Luftwaffe*, manejan un fonolocalizador «Elascop», pieza auxiliar de la defensa aérea de Riga.

Abajo. Brazalete de la Organización Juvenil Letona LJO (*Latviju Jaunatnes Organizacija*).

julio en Riga, abarcando los distritos de Riga, Madona, Bauska, Cesi, Valmiera y Valka.

Entre el 28 de julio y el 9 de septiembre, cuando se completó el alistamiento de los auxiliares de la *Luftwaffe* en Letonia, se reclutaron 4100 jóvenes, de los cuales sólo 525 fueron voluntarios. Otros 3675 fueron reconocidos como válidos, aunque de ellos unos 500 fueron eximidos del servicio por diversas razones.

Fueron, por tanto, 3600 los jóvenes alistados como ayudantes de la *Luftwaffe* (*Kampfhelfer der Luftwaffe*). Las edades de estos jóvenes estaban comprendidas entre los 15 y los 18 años.

Los aptos para el servicio vestían uniformes con símbolos de la aviación alemana y brazaletes con los colores nacionales de Letonia con el emblema del sol. Mil quinientos jóvenes fueron puestos a disposición del batallón de entrenamiento del *Hauptmann* Fabig (*Luftwaffenhelfer Ausbildungsbataillon Fabig*), mientras que los 2100 restantes fueron destinados al 43º Regimiento de Artillería Antiaérea, donde se distribuyeron entre unidades antiaéreas en toda Letonia.

Más tarde también fueron llamados a filas jóvenes que habían marchado a Alemania y varios cientos se ofrecieron como voluntarios para el servicio, con el permiso escrito de sus padres. Entre los beneficiarios se encontraban aquellos que aún no habían cumplido los quince años. Los destinados a la artillería antiaérea se dividieron en pequeños grupos de unos 30 jóvenes cada uno, asignados a cañones antiaéreos, proyectores, fonolocalizadores, bengalas y globos.

El batallón del *Hauptmann* Fabig se instaló en los locales de una antigua fábrica textil, que resultó gravemente dañada el 19 de septiembre de 1944 por el bombardeo de

la aviación soviética. Al menos 41 jóvenes murieron y unos 100 resultaron heridos de diferente consideración.

A finales de septiembre, el espacio aéreo de Riga ya estaba protegido por la Fuerza Aérea Letona bajo la dirección de instructores alemanes. Los letones también protegieron la central eléctrica de Kegum, Liepaja y otros lugares.

El 10 de octubre de 1944 el batallón de Fābig fue trasladado desde Liepaja a Alemania y estacionado en Eger, (Sudetes). Más tarde llegaron a Eger otras unidades letonas de apoyo de la *Luftwaffe*, en total unos 2500 efectivos. El resto permaneció en Curlandia y fue capturado por los soviéticos.

Para el apoyo a la *Luftwaffe* también se utilizaron jóvenes letonas que habían huido a Prusia Oriental y a otros lugares de Alemania. Dichas féminas formaron, principalmente, las dotaciones de aparatos nebulizadores con los que se rociaba ácido sulfúrico para crear niebla artificial sobre instalaciones militares protegidas. El número total de estas chicas podría rondar las 1000.

Los jóvenes movilizados, de 16 y 17 años, eran considerados civiles comisionados, pero desempeñaban las funciones de sirvientes de piezas de artillería. Algunos auxiliares de la fuerza aérea también formaron unidades de cazacarros.

Arriba. Jóvenes auxiliares letones de la *Luftwaffe*, Entre los voluntarios y los conscriptos sumaron cerca de 3600 los incorporados entre junio y septiembre de 1944.

Abajo. Revista letona «Laikmets» con una imagen de voluntarios en el Servicio Auxiliar de la Fuerza Aérea. Colocan los cargadores de munición en una ametralladora ligera de 20 mm Flak 38.

LETONES EN OTRAS UNIDADES MILITARES Y PARAMILITARES

Hubo letones integrados en unidades auxiliares del *Heer* –compañías y batallones de zapadores y de construcción–, en unidades auxiliares de la *Luftwaffe* –auxiliares de artillería antiaérea–y en organizaciones paramilitares alemanas como el *Reich Arbeit Dienst* (Servicio Alemán del Trabajo - RAD), la *Tecnische Nothilfe* (TeNo) o la Organización Todt (OT), e incluso hay rastro de algunos –muy pocos– en unidades de la *Kriegsmarine.*

A partir de febrero de 1943, el denominado *Ersatzkommando «Ostland»* y la Dirección General de Trabajo del autogobierno letón, reclutaban obligatoriamente a todos los jóvenes nacidos entre 1919 y 1924, a los que se les daba la opción de escoger entre: servicio laboral en empresas de producción militar o en unidades del *Reich Arbeit Dienst*, integrarse como tropas auxiliares «*Hiwis*» en la *Wehrmacht*, prestar servicio en las unidades de policía letonas o bien apuntarse en las unidades *Waffen SS* letonas.

Dos soldados auxiliares letones: uno de la *Luftwaffe* y otro del *Heer.*

Desde noviembre de 1943 se ampliaron las fechas para la conscripción –todos los jóvenes nacidos entre 1915 y 1925– y se limitó a los letones a servir solamente en unidades militares, asumiendo la Inspección General de la «Legión Letona» la función de reclutamiento, creando un juzgado específico para la persecución de los que eludieran la recluta.

En el seno del *Heer* alemán se constituyeron entre 1942 y 1945 las siguientes unidades específicas, todas ellas combatientes en el Este y atrapadas en la Bolsa de Curlandia:

• 672° Batallón de Zapadores (antes 270° Batallón de Zapadores y antes 20° E Batallón «*Schuma*»).

• Nueve batallones letones de Construcción (asignados, normalmente, a *Bau Pionere Btl.* alemanes).

El *Reich Arbeit Dienst* (RAD) era una prestación obligatoria para todos los jóvenes alemanes, y durante la guerra sirvió de apoyo a las fuerzas armadas alemanas. A partir de octubre de 1942 muchos jóvenes letones entraron en sus filas pues era condición necesaria para entrar a la Universidad, el haber prestado el servicio obligatorio en la organización.

Más tarde, cuando en Letonia se estableció el servicio militar obligatorio, muchos jóvenes fueron integrados en unidades del RAD. En Letonia, estas unidades se emplearon en la construcción de defensas para intentar parar al Ejército Rojo.

Es muy difícil estimar la cantidad de jóvenes letones que pasaron por las filas de esta organización paramilitar alemana.

La *Tecnische Nothilfe* (TeNo) era una organización alemana dependiente de la policía, que prestaba asistencia técnica urgente en aspectos cotidianos de la vida de las ciudades (suministro de agua, luz eléctrica, gas, etc...) y en otros menos habituales. Al parecer, los letones llegaron a formar dos unidades del TeNo.

Portada de la revista «Laikmets» de octubre de 1943. Desfila una unidad del Frente Alemán del Trabajo (RAD) por la Plaza de la Libertad de Riga. Al fondo se aprecia con nitidez el monumento a la Libertad que adorna el centro de dicha plaza.

La *Organisation «Todt»* (OT) era una fuerza estatal alemana, dependiente del ministerio de Armamentos, dedicada durante la guerra a realizar grandes obras de utilidad directa para las fuerzas armadas. Su nombre viene de su creador, el ingeniero Fritz Todt.

Se especializó en la construcción de vías de comunicación, fortificaciones, baterías de costa, líneas defensivas, aerodromos de campaña, etc... y varios miles de letones formaron parte de la misma a lo largo del conflicto.

Soldados letones de la 15ª División prisioneros de los británicos el 2 de mayo de 1945. Todo acabó para ellos. Vendrían tiempos de exilio,

El final. Rendición, exilio, «gulag»

Los soldados letones en Curlandia y en Alemania corrieron la misma suerte que sus compañeros de armas, los ejércitos de la Alemania hitleriana, que se rindieron sin condiciones, bien a los soviéticos en el frente oriental, bien a los aliados occidentales en el frente del oeste.

Hubo letones que tuvieron la suerte de escapar los últimos días de la Bolsa de Curlandia hacia Alemania, lo que les permitió no tener que rendirse a los soviéticos; otros, recien acabada la contienda, huyeron a la neutral Suecia con la esperanza de rehacer allí sus vidas, sin saber que unos meses más tarde, en enero de 1946, se consumaría la ignominia: las autoridades suecas los entregaron a los soviéticos con el consenso del partido gobernante –el socialdemócrata– y la moderada oposición derechista.

Prisioneros letones al finalizar la guerra en un campo de Europa occidental.

Esta cuestión fue motivo de controversia en la Suecia de los últimos años del siglo XX, y el propio rey Carlos XVI Gustavo recibió en audiencia a los supervivientes letones, estonios y lituanos, para que se visualizara la injusticia que cometieron los políticos suecos cincuenta años antes.

La diáspora letona, formada por los antiguos legionarios que se rindieron a los aliados occidentales, se diseminaron por Europa, América y Oceanía; los que habían tenido la desgracia de caer prisioneros de los soviets, pasaron su calvario en el «gulag», siendo los apestados en su propia Patria hasta la caída definitiva de la comunismo y la independencia de Letonia.

Pese a que el Tribunal de Nuremberg condenó a las SS como organización criminal, hay que recordar que eximió a aquellos combatientes de la *Waffen SS* que fueron integrados en la organización obligatoriamente y que no cometieron crímenes de lesa humanidad ni crímenes de guerra: y en esta exención estuvieron incluidos los bálticos de las 15ª, 19ª y 20ª divisiones *Waffen SS*, letonas las dos primeras y estonia la tercera.

La Comisión de Personas Desplazadas de los EE.UU. de América, también declaró en 1950:

LETONES MUERTOS EN LA GUERRA Y EN EL «GULAG»

Las estimaciones más optimistas afirman que unos 150 000 letones combatieron en la Segunda Guerra Mundial encuadrados en el Ejército alemán, mientras que las más conservadoras hablan de 110-115 000 hombres. Según los autores Eric Jacobson y Walter Shcherbinski, un tercio de los soldados letones que tomaron parte en el conflicto murieron, bien en combate o bien en el «gulag» soviético, en los años posteriores a la guerra, lo que nos daría la espantosa cifra de entre 40 000 y 50 000 fallecidos, en una población que no alcanzaba los dos millones de habitantes en aquella época. Todos los combatientes letones que se rindieron en la Bolsa de Curlandia, además de los capturados en las ofensivas soviéticas en Pomerania y Berlín, fueron acusados por las autoridades stalinistas de traidores a la patria al ser considerados ciudadanos soviéticos antes de la operación «Barbarroja», y muchos de

ellos fueron condenados a muerte, pasando el resto a las cárceles de la NKVD, en las que también muchos fallecerían en los años posteriores. Según la Enciclopedia Nacional Letona actualizada en abril de 2023, entre 1945 y 1953 –año de la muerte de Stalin–, el número de letones encarcelados fue, aproximadamente, de 200 000 ¡más del 10% de la población de Letonia en aquellos años! Después de la muerte de Stalin, la represión disminuyó, y poco a poco comenzó el desmantelamiento del «gulag». A las autoridades letonas de entonces no les gustó esta política, pues temían que estas personas aumentaran el espíritu de resistencia al régimen soviético. Las represiones masivas fueron reemplazadas por represiones individuales, y un mayor control de grupos de población potencialmente poco confiables, además de diversos tipos de restricciones a quienes se atrevieran a cruzar las fronteras.

Las unidades SS bálticas (Legiones Bálticas) en términos de su propósito, ideología, funcionamiento y calificación de su composición, pueden considerarse unidades separadas y diferentes de las SS alemanas, y es por eso que la comisión no los considera un movimiento hostil al gobierno estadounidense.

La participación de los letones en unidades *Waffen SS* fue eximida en Nuremberg por ser una situación forzosa.

Algunos de los legionarios bálticos, letones y estonios, antiguos combatientes en la *Waffen SS* y la *Wehrmacht*, fueron integrados en unidades de los Aliados occidentales y formaron parte, entre otras misiones, de la guardia de la prisión de Nuremberg, donde los dirigentes nazis fueron procesados a partir de 1946.

El 8 de mayo de 1945, Letonia –al igual que sus vecinas Estonia y Lituania– volvería a caer en las garras de la URSS, como en 1940. Todo el esfuerzo de los letones para ser un país independiente daría al traste con la realidad de la derrota. Los tratados firmados por los aliados occidentales con Stalin, con-

Letonia: vida. Bolchevismo: muerte.

Suecia y los legionarios bálticos

El 25 de enero de 1946 Suecia entregó a la URSS un total de 132 letones, nueve lituanos y siete estonios. Se trataba de legionarios de los países bálticos que después de la rendición de las fuerzas alemanas en la Bolsa de Curlandia, se habían embarcado en diferentes medios marítimos y habían llegado a Gottland (Suecia) para huir de los soviéticos junto a más de 3000 soldados alemanes. El partido socialdemócrata, en el poder, con la aquiescencia de la oposición derechista sueca, tomó la decisión de entregar a estos hombres a sus seguros verdugos. Hubo escenas terribles entre los «condenados»: el suboficial Oskars Lapa —que había servido en el 15º Regimiento de Artillería— se suicidó en el campo de internamiento sueco de Räneslätt el 28 de noviembre de 1945, cortándose las venas de brazos y piernas y clavándose un puñal en el corazón. El también suboficial Peteris Vabulis se suicidó el 25 de enero de 1946 en el autobús que lo había llevado a él y a sus compañeros al puerto de Trelleborg, donde los iban a embarcar por la fuerza en el carguero soviético «Beloostrov», cortándose la arteria de la garganta, justo antes de embarcar. En 1994 el estado sueco se disculpó públicamente de la actitud tomada por sus políticos en 1945. El 20 de junio de ese mismo año, los 34 letones, cuatro estonios y un lituano supervivientes del «gulag», fueron recibidos en en el Palacio Real de Estocolmo, por el rey Carlos XVI Gustavo de Suecia.

LA RESISTENCIA ANTICOMUNISTA: LOS «HERMANOS DEL BOSQUE»

La Enciclopedia Nacional Letona, actualizada en abril de 2023, recoge el dato de que entre 1944 y 1956, 13 500 ciudadanos letones participaron de alguna manera en el movimiento partisano anticomunista llamado «Hermanos del Bosque». De éstos partisanos, sólo 10 700 eran combatientes, el resto se trataba de simpatizantes y personal de apoyo. Así mismo, también existieron muchos grupos de resistencia desarmados que colaboraron con la guerrilla o lo hicieron a título particular. La mayoría de los combatientes en la guerrilla de los «Hermanos del Bosque» eran antiguos soldados de la «Legión Letona» que, previendo una muerte segura si se entregaban a las autoridades soviéticas después de la capitulación alemana, prefirieron pasar a la clandestinidad y seguir luchando por la independencia de Letonia contra el invasor soviético. Las organizaciones partisanas más grandes fueron la Organización Nacional Partisana de Letonia (LNO), que actuó en Curlandia, la Asociación Nacional Partisana de Letonia (LNPA), en Vidlandia y la Asociación (Partisana) Tevija Sargu de Letonia (LTS(P)A) en Latgalia. La lucha partisana fue una expresión de la profunda ira del pueblo letón contra la segunda ocupación de su país por parte de la URSS. Los primeros años de la posguerra, una buena parte de la sociedad no perdió la esperanza de que se podría restaurar la independencia de Letonia. Pero la terrible represión del régimen de Stalin debilitó la resistencia de los partisanos. Tras la muerte del dictador, una relativa liberalización del régimen abrió posibilidades de estabilidad en sectores más amplios de la sociedad, promoviendo el conformismo, lo que hizo apagar las esperanzas de los letones y desaparecer el movimiento partisano.

Con uniforme negro, ceñidor y defensa blancos, y casco gris, soldados bálticos hacen guardia al pie de las celdas de los procesados en Nuremberg, en 1946.

templaban el retorno de los estados bálticos al imperio, ya no ruso sino soviético.

Muchos letones, antiguos combatientes en unidades militares Waffen SS, no pudieron soportar la rendición y la humillación que suponía entregarse al Ejército Rojo y se echaron literalmente a los bosques para continuar la lucha, ahora como partisanos: los llamados «Hermanos de bosque».

Fueron años de penalidades, de abandono y de combates esporádicos con las todopoderosas fuerzas de seguridad soviéticas, fueron años de deportaciones masivas de ciudadanos letones a Siberia. Y en 1956, cuando tras la fallida sublevación húngara fueron conscientes de que Occidente nada haría por ellos, cesaron su lucha armada.

Habían de pasar otros 35 años para ser libres.

LA ASOCIACIÓN «DAUGAVAS VANAGI»

La organización «Daugavas Vanagi» fue fundada en el campo de prisioneros de guerra británico de Zeedelgem, en Bélgica, el 28 de diciembre de 1945, por antiguos soldados de la Legión Letona. Los objetivos iniciales de la organización eran ayudar a los ex soldados letones y sus familias. Unos 25 000 letones fueron encarcelados en campos de prisioneros de guerra administrados por los aliados occidentales. Desde el principio se permitió a los organizadores de «Daugavas Vanagi» comunicarse con los letones de otros campos para crear una red de apoyo mutuo. Después de su liberación de los campos de prisioneros de guerra, los ex-soldados se trasladaron a campos de refugiados, donde continuaron sus esfuerzos por ofrecer apoyo mutuo y mantener su unidad. A principios de la década de 1950, los letones abandonaron los campos de refugiados y se trasladaron a Australia, Europa occidental, Canadá, América del Sur y Estados Unidos y la organización «Daugavas Vanagi» los acompañó. A lo largo de décadas, los miembros de asociación continuaron su tarea de reunir y unir a los letones para preservar la unidad de la nación letona. Durante muchos años, esta tarea se entendió como una lucha por la liberación de Letonia del dominio soviético. «Daugavas Vanagi» también ha intentado promover la educación de los jóvenes e involucrarlos en la comunidad de letones que viven fuera de Letonia. Esto se hace ofreciendo becas y apoyando a escuelas, coros, conjuntos de danza folclórica, conjuntos de teatro, equipos deportivos y muchas otras actividades culturales diferentes.

AGRADECIMIENTOS

Al Museo Militar de Letonia (*Latvija Kara Muzejs*), entidad ejemplar en la preservación de la historia de Letonia, por su colaboración y facilidades para la realización de este libro.

A la embajadora de Letonia, Argita Daudze, por su constante lucha y esfuerzo para dar a conocer las ansias de libertad del pueblo de Letonia. Fue la inspiradora de este trabajo.

A Carlos Caballero Jurado, por su apoyo a este libro. Fue el primero en España en dar a conocer esta historia de guerra y de libertad de uno de los más valientes pueblos de Europa.

Al equipo de amigos que en marzo de 2024, viajamos a Letonia a conocer *in situ* los lugares y los actos de recuerdo a los «Legionarios letones».

Bibliografía básica

- CIGANOVS, J. *Latvijas Armija*. Latvijas Kara Muzejs, 2019 (en letón).
- CABALLERO JURADO, C. *David contra Goliat. Voluntarios letones en la Campaña de Rusia, 1941-1945*. García Hispán Editor, 2003.
- CABALLERO JURADO, C., THOMAS, N. *Germany´s Eastern Front Allies (2) Baltic Forces*. Osprey Publishing, Men at arms, 2002.
- BALTAIS, M.K. (Ed.) *The Latvian Legion: Selected documents*, Toronto, Amber Printers and Publishers, 1999.
- BANGERSKIS, R. *Mana muza atminas* (Recuerdos de mi vida) (Vol. 3) Imanta, Copenhague, 1959. (En letón).
- DYUKOV, A. «*Destroy as much as possible..*» *Latvian collaborationist formations on the territory of Belarus, 1942-1944*. Johan Beckman Institute, Helsinki, 2010 (traducido del ruso).
- EZERGAILIS, A (Editor). *Stockholm documents. The german occupation of Latvia. (1941-1945) What did America know?* Riga, Historical Institute of Latvia, 2002
- JAKOBSON, E. Sitio web www.laikmetaz.
- JANUMS, V. *Mana pulka kauju gaitas* (Las batallas de mi regimiento), Edición del autor, Eutin (Ostholstein), 1953 (En letón).
- KOVTUNENKO, R. *Battle at More*. Riga, Apvieniba Timmermanis un Vejins, 2009
- KRIGERE, I. *Latvian riflemen craft, exercise, sing and play theater*. Riga, Latvian War Museum, 2015
- LITTLEJOHN, D. *Foreign Legions of the III Reich*. Vol. 4. James Bender Publishing. San José (California), 1987.
- MANGULIS, V. *Latvia in the wars of the XX Century*. Cap. IX http://www.historia.lv/publikacijas/gra... 09.nod.htm.
- MOLINA FRANCO, L. *El ejército de Letonia y la guerras bálticas. 1918-1940*. Valladolid, Galland Books, 2019.
- NEULEN, Hans W. *Am Himmel Europas. Luftstreitkräfte an deutscher Seite 1939 - 1945*. Universitas, Munchen, 1998.
- PETERSONS, A., *Mums jāpārnāk. Latviešu karavīri: pedejie Berlines aizstavji*. (Debemos ir. Soldados letones: los últimos defensores de Berlín). Riga, 2003. pp. 68-73. (En letón).
- POCINS, D. *Latvijas Aviacija.- Latian Aviation (1919-1940)*, Riga, Latvijas Kara Muzejs, 2020
- SILGAILIS, A. *Latvian Legions*. James Bender Publishing. San José (California), 1987. (Existe una edición de 1962 en letón).
- SINKIS, A. Kurzemes Cietoksnis. Autora izdevums, 1954 (En letón)
- STÖBER, H. *Die Letisschen Divisionen im VI Armeekorps*. Munin Verlag GmBH, Osnabruck, 1981.
- TAYLOR, H.P. *Uniforms, Organization and History of the Waffen SS*. Vol. 4 y 5. James Bender Publishing. San José (California), 1975 y 1982

Todas las fotografías utilizadas en este libro proceden de páginas y foros de internet.

Cartel letón de época. Texto: «A las armas. ¡Trabajad!».